KB119616

부를 위한 기회
에너지 전환과
모빌리티 투자

부를 위한 기회

에너지 전환과 모빌리티 투자

장문수·강동진 지음

원앤원북스

우리는 기후변화를 맞을 준비가 되었는가?

탄소 중립은 이제 선택이 아닌 필수로 자리 잡았으며, 계획을 넘어 실행의 단계로 넘어왔다. 미국은 지난 트럼프 정부의 파리기후변화협약 탈퇴로 글로벌 탈탄소화 여정에서 잠시 후퇴했다. 그러나 조 바이든 대통령 취임 이후 기후정상회의를 이끌며, 앞장서서 주요 탄소 배출국에 탄소 중립을 촉구하고 있다. 코로나19로 빨라진 클린 모빌리티(clean mobility, 친환경 이동성)로의 변화와 이어진 그린 뉴딜(green new deal)로 타격을 입은 경제의 해결책으로 탄소 중립이라는 명분을 앞세우는 것이다.

트럼프에서 바이든으로의 정권 교체와 코로나19에서 비롯된 미국의 빠른 태세 전환은 친환경차 전략에 소극적이었던 디트로이트의 빅3(big 3), 즉 포드, GM, 크라이슬러를 전기차 전장에 참전하게 했다. '클린 디젤' 기술에 배신당한 유럽 업체와 새로운 표준을 만들겠다는 중국 업체, 그리고 하이브리드 기술의 한계와 여물지 못한 미래 기술 사이에서 고민 중인 일본 업체도 이 시장에서 주도권을 쥐고자 전략적인 고민을 하고 있다.

이처럼 우리는 그전과는 전혀 다른 방식의 변화를 맞닥뜨리고 있다. 화석연료로 구동되는 자동차는 찾아보기 힘들어질 것이며, 태양 광과 풍력 같은 재생 에너지에 기반한 전기차와 수소차가 도시를 가 득 메우게 될 것이다. 다가올 기후변화는 인류에게 재앙이겠지만, 이 로 인한 에너지 전환은 누군가에게는 새로운 기회가 될 것이다.

그동안 규제의 역수로 추정했던 친환경차 시장은 이제 더는 규제 에 끌려가지 않는다. 자동차 업체는 그간 축적된 친환경차 핵심 기술 을 바탕으로 새로운 생태계를 구축하는 데 발 빠르게 대처하고 있다. 모빌리티 소비자가 소비를 넘어 효용을 창출할 수 있는 생태계다.

모빌리티를 둘러싼 IT 기반의 혁신 기업과 자동차 업체 간의 주 도권 싸움, 그리고 정부와 소비자가 원하는 새로운 생태계는 지금까 지 모빌리티 시장의 변화보다 빠르고 거칠 것으로 예상한다. 이 책을 집필하며 모빌리티 산업에서 일어나는 커다란 혁신의 한 축을 이해 할 수 있는 계기를 만들고자 했다. 투자자들은 변화의 속도와 방향성 을 읽고 모빌리티 산업의 전략 변화를 해석하는 눈을 기를 수 있을 것 이다. 또한 에너지 전환과 모빌리티 산업에 관심을 가진 독자가 변화 추이를 쉽게 이해하도록 집필에 만전을 기했다.

에너지와 모빌리티 산업, 특히 모빌리티 산업의 트렌드 변화에 관심 있는 사람들에게 이 책이 새로운 시각을 갖는 데 도움이 되었으면 한다. 또한 저성장 시대에 새로운 투자 대안을 찾고 있는 투자자에게도 보탬이 되길 바란다.

장문수

기회와 위기는 동전의 양면이다

2021년 노벨물리학상은 기후변화에 주목했다. 수상자 3명 중 2명이 기상학자로, 노벨물리학상 최초로 기상학 분야에서 수상자가 나왔다. 프린스턴대학교의 수석기상학자 마나베 슈크로 교수와 독일 막스플랑크연구소의 클라우스 하셀만 박사는 기후변화가 인류에 어떠한 영향을 미치는지에 대한 모델을 개발하고, 지구의 평균 기온 상승이 인간의 이산화탄소 배출에 따른 것임을 증명했다.

한편 2차전지의 개발과 발전에 기여한 3명이 2019년 노벨화학상을 수상한 이후, 2차전지 관련 산업은 주식 시장뿐 아니라 전 세계 에너지 산업에서 가장 주목받는 산업이 되었다. 이제 다음 화두는 기후변화를 막기 위한 에너지 전환일 것이다. 주인공은 태양광과 2차전지가 차지할 것이다.

기후변화 대응은 이제 남의 이야기가 아니다. 유럽의 탄소국경조정 도입으로 우리나라와 같은 탄소 수출국은 유럽의 탄소 배출권 가격이 높아질수록 유럽 대상 수출 기업의 부담이 커질 수밖에 없다. 미국도 향후 탄소 국경세 도입을 언급한 바 있다. 게다가 외부 전기 사용에 따른 간접배출(Scope 2)까지 온실가스 배출량 산정 범위가 확대된다면 탄소를 둘러싼 여파는 더욱 커진다. 우리나라의 주력 산업인 자동차, 석유화학, 조선 등이 모두 화석연료 산업과 직간접적으로 연계되어 있기 때문에 우리 또한 급변하는 산업 환경에 적응해야 하는 상황이다.

코로나19로 인한 팬데믹을 기점으로 탄소 중립으로 가는 시계가 더욱 빨라졌다. 2020년 초 유가가 전대미문의 마이너스를 기록할 때도 전 세계 에너지 전환은 더욱 가속되었다. 팬데믹 극복을 위한 경제 부양책에서도 내연기관의 빠른 전동화가 우선순위를 차지했다.

자동차 전동화에 있어서 가장 중요한 것은 '어떠한 전기'를 사용하는가다. 재생 에너지로 생산된 전기를 활용하는 것이야말로 자동차 전동화를 통해 탄소 중립이라는 궁극적인 목적을 이루는 방안이다. 따라서 전동화와 함께 재생 에너지에 대한 투자는 더욱 강화될 것이다. 그리고 이는 석유 산업의 변화로 이어질 것이다.

이 책을 집필하고 있는 중에도 새로운 이슈가 꾸준히 등장하고 있다. 석유, 가스 등 화석연료 가격 급등 및 탄소국경조정 도입이 대표적인 이슈다. 여기에 중국은 세계 최대의 탄소 배출권 시장을 열었다. 우리나라는 2021년 11월 제26차 유엔기후변화협약 당사국총회 (COP26)에서 국가온실가스감축목표(NDC)를 2018년 대비 40%로 상향했다. 이렇게 가파르고 복잡한 변화는 에너지 전환의 가속화로 귀결하는 듯하다.

이 책을 통해 지금의 에너지 전환이 어떤 의미며, 향후 전 세계 산업에서 큰 비중을 차지할 에너지 산업이 자동차 전동화와 맞물려 어떻게 변화할지를 간단하게나마 제시하고자 했다. 기회와 위기는 동전의 양면이다. 격변의 시기에 새로운 사업 기회나 투자 기회에 대한 아이디어를 이 책으로 조금이라도 얻을 수 있다면 글쓴이로서 더 이상 기쁜 일이 없을 것이다.

강동진

차례

Chapter 1

모빌리티, 신경제로 나아가다

Chapter 2

에너지 전환과 전기화: 인류사 가장 큰 변화의 시작

모빌리티, 신경제로 나아가다

산업의 '변화'와 '성장'은 시장 참여자와 해당 시장을 바라보는 투자자가 항상 관심을 가지는 중요한 주제다. 자동차 사업은 2014년 이후 구조적인 저성장을 거치며 오랜 기간 참여자와 투자자가 변화와 성장을 갈망하게끔 했다. 테슬라가 자동차 업체 시가총액 1위로 올라선 사건은 구경제(내연기관)에서 신경제(전기차)로의 가치 이동을 보여준 대표적 사례다. 현재 모빌리티 산업에는 CASE로의 전환이 요구되며 폭스바겐 디젤 게이트 이후 전동화는 더욱 빨라지고 있다. 또한 2020년 코로나19를 겪으며 높아진 기후변화에 대한 관심은 정부 정책뿐 아니라 소비자 요구의 변화를 끌어내며 모빌리티 산업의 전략 방향을 바꾸고 있다.

친환경차와 모빌리티가 불러온 자동차 산업의 변화

시장 참여자와 투자자는 항상 해당 산업의 추세를 주목한다. 2014년 이후 구조적인 저성장을 거치고 나서, 2020년 7월 자동차 업체 시가총액 1위가 도요타(2,072억 달러)에서 테슬라(2,023억 달러)로 바뀐 '사건'은 우리에게 많은 것을 시사한다. 이러한 역전은 표면적으로 자동차 혹은 내연기관차의 수요 정체와 업체 간 경쟁 심화, 그리고 순수전기차(EV)의 높은 수요 증가에 따른 결과로 볼 수 있다. 즉 투자자들은 자동차 산업의 시장 가치가 구경제(old economy)에서 신경제(new economy)로 이동하고 있음을 인정한 셈이다.

저성장 이면에서 자동차 산업의 수요 방향성과 산업 패러다임은 'CASE'로 향하고 있다. CASE는 연결성(connected), 자율주행

(autonomous), 공유·서비스(shared·serviced), 전동화(electrified)를 의미한다. 2015년 파리기후변화협약부터 각국 정부의 강력해진 환경규제가 잔잔했던 시장에 거센 파도를 불러왔다. 여기에 코로나19가 불러온 경제 충격은 시장 트렌드 변화를 가속했다. 각국의 경제 성장전략인 그린 뉴딜로 시장의 '판'은 달라졌다.

코로나19 발생 이전인 2019년 기준 도요타의 자동차 판매 수는 총 1,074만 대다. 그중 친환경차(xEV)에서 하이브리드차(HEV)와 플러그인 하이브리드차(PHEV)로만 198만 대의 판매를 기록했다. 테슬라는 순수 전기차 46만 대 판매로 2020년 11월 24일 나스닥 시장에서 5,264억 달러의 종가를 기록했다. 이는 도요타·폭스바겐·GM·포드·스텔란티스(피아트크라이슬러와 PSA의 합병법인)의 시가총액을 합친 것보다 많다. 그전까지 테슬라의 친환경차 판매 규모는 도요타의 1/4도 되지 않았다.

자동차 업체 경영진의 전략적 대응과 관심은 곧 시장의 지향점이다. 글로벌 컨설팅 업체 KPMG는 매년 글로벌 자동차 및 자동차 유관 업체의 경영진 1천 명 이상을 대상으로 설문조사를 진행해 〈글로벌 자동차 산업 동향 보고서(global automotive executive survey)〉를 발표하고 있다. 이 보고서에서는 2030년 자동차 산업을 이끌 핵심 트렌드 순위를 발표하는데 매년 보고서마다 순위가 달라지고 있다.

과거 금융위기 이후 회복하며 고성장을 해온 자동차 산업은 2014년 중국과 미국 등 주요국의 수요 증가율 둔화로 저성장을 거듭하며 업체 간 경쟁이 심화되었다. 당시 경영진들의 관심은 주요 시

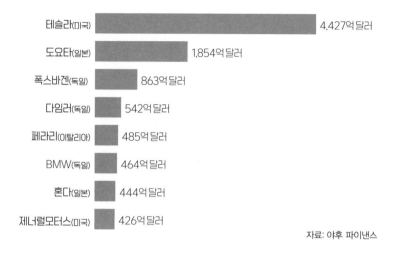

· 주요 자동차 업체의 시가총액 비교(2020년 9월 1일 기준) ·

테슬라(미국) 4,427억 달러
도요타(일본) 1,854억 달러
폭스바겐(독일) 863억 달러
다임러(독일) 542억 달러
페라리(이탈리아) 485억 달러
BMW(독일) 464억 달러
혼다(일본) 444억 달러
제너럴모터스(미국) 426억 달러

자료: 야후 파이낸스

장을 대체할 수요 성장 시장과 비용 절감 전략이 대부분이었다. 즉 판매량의 극대화와 비용의 최소화를 통한 기업 이익 증대를 모색했다. 아직 자동차는 제조업 기반의 중후장대(重厚長大)한 산업이다. 자동차 한 대 개발에 최소 3천억 원이 넘는 비용과 2년에 가까운 시간이 투입되며 2만~3만 개의 부품 조달을 위한 공급선도 확보해야 한다. 수많은 부품의 생산은 물론 재고와 품질을 관리하는 것은 참으로 어려운 일이다.

차량 판매량 극대화는 막대한 투자금 회수를 위한 중요 요소임이 틀림없다. 그렇기에 경영진들은 밖으로는 수요 증가율 둔화를 급성장하는 이머징 시장에 대한 전략으로 대응했다. 또한 안으로는 비용 절감을 위한 다양한 전략을 고심했다. 수익성 극대화 혹은 비용 절감을 위한 핵심 트렌드로 플랫폼 개발, 부품 공용화, 사업 합리화(cost reduction)를 주로 꼽았다. 적어도 2014년까지는 말이다.

그러다 자동차 시장은 2015년 9월 폭스바겐(VW)의 디젤 게이트 이후 변화하기 시작했다. 2016년부터 핵심 트렌드 순위가 크게 바뀌었는데, 5위권 내의 트렌드는 그 안에서 미미한 순위 변동이 있었을 뿐 순위 밖을 이탈하지 않았다. 이 중 친환경차 세 가지, 즉 배터리 전기차(BEV), 수소연료전지차(FCEV), 하이브리드차(HEV)가 가장 먼저 눈에 들어온다. 이를 통해 자동차 업계가 환경 규제에 대응할 수 있는 대체 구동 방식을 고심하고 있음을 알 수 있다.

또한 공급 확대의 근거인 이머징 시장에 대한 관심은 낮아졌지만 연결성, 디지털화(digitalization), 이동 서비스, 자율주행과 같은 자동차 기반의 모빌리티 기술과 서비스에 대한 관심은 높아졌다. 이는 경영진의 시각이 제품 생산과 판매라는 한계에서 벗어나 제품을 통한 지속 가능한 이익 창출로 이동했음을 의미한다.

디젤 게이트 이후 자동차 시장은 구조적 저성장을 인정하면서 점차 물량 증가에서 자동차를 통한 부가가치(신규 사업 혹은 가격) 확대로 변화했다. 또한 환경 규제의 대응책 중 하나였던 디젤 전략이 디젤 게이트로 배신을 맞고서 변화는 가속되었다. 엔진 다운사이징, 터보차저 등 내연기관 연비 개선 기술에서 대체 구동 기술인 친환경차(배터리 전기차, 수소연료전지차, 하이브리드차)로 전략이 탈바꿈했다.

각국의 매장된 자원에 따라 해당 국가가 선호하는 파워 트레인(power train), 즉 자동차 동력 장치에 관한 기술이 좌우된다. 이에 따

· 2030년 자동차 산업을 이끌 핵심 트렌드 순위 ·

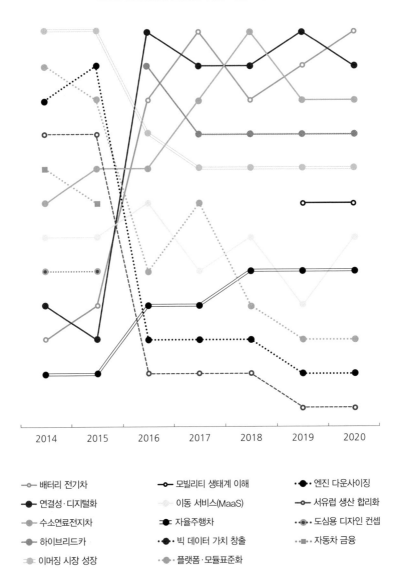

2014 2015 2016 2017 2018 2019 2020

─○─ 배터리 전기차   ─●─ 모빌리티 생태계 이해   ·●· 엔진 다운사이징
─●─ 연결성·디지털화   이동 서비스(MaaS)   ─○─ 서유럽 생산 합리화
─●─ 수소연료전지차   ─●─ 자율주행차   ·●· 도심용 디자인 컨셉
─●─ 하이브리드카   ·●· 빅 데이터 가치 창출   ·■· 자동차 금융
·●· 이머징 시장 성장   ·●· 플랫폼·모듈표준화

자료: KPMG, 현대차증권

라 중국과 유럽 중심의 전기차 시장은 성장하고 있고, 장기간의 저성장 극복 전략으로 M&A 증대, 원가 절감, 사업 합리화도 계속되고 있다. 친환경차와 모빌리티는 2017년부터 업계에서 핵심 트렌드로 자리매김하고 있다.

이처럼 수요 정체라는 한계와 내연기관 기술의 배신은 자동차 산업을 박리다매를 위한 제조 기반에서 차량 기반의 모빌리티로 확장하게끔 했다. 이에 따라 제품 생산과 수요라는 단순한 관계에서 벗어나 제품을 활용한 서비스나 플랫폼 등 새로운 사업 모델의 기회를 파악하고 구체화할 필요성이 대두되었다.

따라서 모빌리티를 둘러싼 규제나 소비자의 행태가 내연기관 중심의 구동 방식에서 배터리나 수소 기반의 전기 구동 방식으로 전환되고 있다는 것만 알아서는 안 된다. 자동차 산업을 둘러싼 이해관계가 어떠한 요인으로 변화하는지 이해하는 것이 중요하다. 산업 패러다임의 전환을 가속하는 요인을 바르게 이해하고 친환경차 너머의 서비스, 플랫폼과 같은 생태계로 시각을 확장해야 한다.

이 장에서는 변화하는 모빌리티 시장의 현재를 살펴보고, 최근 변화를 재촉하는 촉매를 알아볼 것이다. 또한 생산자, 소비자, 당국 규제와 같이 모빌리티를 둘러싼 이해관계는 물론 가파른 변화의 또 다른 요소인 코로나19가 소비자의 인식과 시장 환경을 어떻게 바꾸었는지도 구체적으로 알아보도록 하자.

모빌리티 산업의 협업과 환경 정책을 통한 변화

모빌리티 산업의 핵심 키워드는 CASE로 요약할 수 있다. 즉 새로운 경험과 편의를 요구하는 소비자의 인식과 새로운 기술을 적용해 제품 차별화와 제품을 통한 부가가치 창출에 주력한다. 이는 공급자의 이해관계와도 맞아떨어진다.

앞서 설명한 대로 CASE는 연결성, 자율주행, 공유·서비스, 전동화를 줄여 만든 조어다. MECA(mobility, electrification, connectivity, autonomous), SEAM(shared·services, electrification, autonomous, mobility) 등 부르는 명칭은 다르나 의미는 동일하다. CASE가 급부상하면서 모빌리티 시장에서 이와 관련한 사업의 고성장이 예상된다.

글로벌 컨설팅 업체인 맥킨지(McKinsey)의 자료에 따르면 2017년

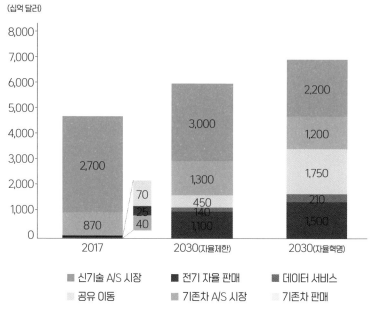

· 시장 변화에 따른 전 세계 자동차 매출액 구성 변화 ·

(십억 달러)

범례:
■ 신기술 A/S 시장　■ 전기 자율 판매　■ 데이터 서비스
▨ 공유 이동　▨ 기존차 A/S 시장　□ 기존차 판매

자료: 맥킨지

2017: 870, 2,700 (작은 삽입 막대: 40, 25, 70)
2030(자율제한): 1,100, 140, 450, 1,300, 3,000
2030(자율혁명): 1,500, 210, 1,750, 1,200, 2,200

전 세계 자동차 매출액 3.7조 달러 중 기존 자동차의 매출액이 2.7조 달러를 차지한다. 2030년 자율주행 대중화를 가정했을 때 기존 자동차 매출액은 2.2조 달러로 감소하는 반면, 전기차·자율주행차 매출액은 1.5조 달러로 증가할 것이라고 한다. 또한 공유 이동, 데이터 서비스 등 CASE와 관련한 신규 사업 매출액 예상치는 각각 1.75조 달러, 0.21조 달러다. 전기차·자율주행차 판매와 공유경제, 관련 후방 산업의 성장이 기대됨에 따라 사업 모델 변화가 요구되고 있다.

　다만 자동차 업계 경영진의 관심은 아직 상대적으로 먼 자율주행보다 규제 강화로 단기간에 높은 성장이 기대되는 친환경차에 방점이 찍혀 있다. 앞서 살펴본 대로 〈글로벌 자동차 산업 동향 보고서〉에서 2017년 이후 상위 5개 핵심 트렌드 중에 3개가 환경 규제 대응 전략인 배터리 전기차, 수소연료전지차, 하이브리드차였다. 이같이 친환경차와 모빌리티를 활용한 생태계 구축이 대다수 자동차 업계의 전략이다.

과거에는 경쟁 관계였던 ICT(정보통신기술) 업체와의 협력과 사업 연합도 활발하게 전개되고 있다. 과거 테슬라와 파나소닉, GM과 LG 에너지솔루션 간 배터리 공급 연합과 지난 CES 2020의 현대자동차와 우버의 UAM(도심항공교통) 사업 연합 등이 대표적인 사업 연합 사례다.

모빌리티 산업의 형성 초기만 하더라도 ICT 업체는 기술 중심, 자동차 업체는 품질과 양산 중심으로 접점을 찾지 못했다. 대표적인 사례가 구글이 핸들 없는 자율주행차를 선보였지만 도요타는 안전과 편의가 보강된 반자율주행 기술을 전 차종에 적용하겠다고 밝힌 일이다. ICT 업체는 자동차 업체가 구현하지 못하는 최신 기술이 적용된 프로토타입을 선보였고 기술의 정점에서 현재와의 접점을 찾으려 노력했다. 반면 자동차 업체는 규제와 안전, 대량 양산 시 경제성을 중요시하면서 현재에서 기술의 정점을 향해 서서히 나아가야 한다고 생각했다.

지향하는 바가 달랐던 두 산업은 한때 모빌리티의 주도권을 두고 경쟁했다. 그러나 지금은 달라졌다. 이종 산업 간의 연합이 형성되고 연합 간의 경쟁 체제로 바뀌고 있다. 투자금이 회수되어야 사업이 진행될 수 있듯, 기술 개발 외에도 현재 제도와 법에서 오는 한계를 극복하고 사회적 인식을 개선하는 등의 과정이 필요했다. 이것이 파격적 미래를 준비하던 한 축과 현재를 대비하던 다른 축이 만나게 된 계기다. 엄청난 자본력과 캐시 카우를 무기로 대형 자동차 업체와 ICT 업체들은 '똘똘한' 신규 사업을 시작한 신생 업체 투자에 나섰다. 그리고 자신의 방향과 교차하는 지점에서 업체 간의 연합이 형성되기 시작했다.

규제 당국인 각국 정부는 모빌리티의 변화를 어떠한 관점에서 바라보고 있을까? 이는 파리기후변화협약과 친환경차 부양책, 환경 규제 강화의 키워드로 축약할 수 있다. 경영진의 관심이 친환경차에 집중된 데는 파리기후변화협약을 빼놓을 수 없다. 각국은 파리기후변화협약을 근거로 자동차 환경 규제를 더욱 강화하고 있다.

파리기후변화협약에 기반을 둔 새로운 기후체제는 하향식이다. 1997년 교토의정서에서는 선진국에만 온실가스 감축 의무가 주어졌지만, 2015년 파리기후변화협약에서는 이러한 한계를 극복하고 신흥국을 포함한 196개 당사국에 온실가스 감축에 대한 법적 구속력을 부여했다. 이 협정은 전 세계적 기후변화에 대응하고자 참여국 스스로 온실가스 감축 목표치를 설정하고 5년마다 상향하며 이행을 점검하는 형태로 이루어진다. 참여국이 배출하는 온실가스 총배출량은 전 세계 배출량의 96%에 달한다. 참여국은 지구 평균 기온의 상승 폭을 산업화 이전인 2℃ 이하로 억제하고, 1.5℃ 이내를 유지해

· 주요 지역별·국가별 수송 부문 이산화탄소 배출 현황(2017년 기준) ·

(단위: 백만 톤, %)

국가	총배출량	수송 부문		도로수송 부문		
		배출량	총배출량 (%)	배출량	총배출량 (%)	수송 부문 (%)
전 세계	32,839.9	8,039.9	24.5%	5,958.3	18.1%	74.1%
OECD 평균	–	3,518.1	30.4%	3,105.6	26.8%	88.3%
미국	4,761.3	1,724.0	26.2%	1,450.4	30.5%	84.1%
일본	1,132.4	205.1	18.1%	184.2	16.3%	89.8%
한국	600.0	103.5	17.3%	97.9	16.3%	94.6%
프랑스	306.1	125.8	41.1%	121.5	39.7%	96.6%
독일	718.8	163.5	22.7%	158.8	22.1%	97.1%
영국	358.7	121.8	34.0%	114.6	31.9%	94.1%
EU-28	3,209.3	928.2	28.9%	883.4	27.5%	95.2%
유럽	5,138.1	1,256.9	24.5%	1,105.2	21.5%	87.9%
인도	1,536.9	291.4	13.5%	265.7	12.3%	91.2%
중국 (홍콩 포함)	2,161.6	889.2	9.6%	726.3	7.8%	81.7%

자료: 대외경제정책연구원(KIEP) 재인용, 국제에너지기구(IEA, 2019)

야 한다. 한국의 목표는 2030년까지 온실가스 배출량 전망치(BAU; Business As Usual)의 37% 감축이다.

자동차는 기후변화에 큰 영향을 미치고 있다. 2018년 기준 전 세계 이산화탄소 배출량에서 운송이 23%를 차지한다. 또한 2017년 기준 전 세계 이산화탄소 배출량은 328억 톤이었으며, 이 중 수송 부문의 이산화탄소 배출량은 24.5%에 이른다. 자동차가 대부분인 도로수송 부문의 이산화탄소 배출량은 수송 부문 이산화탄소 배출량의 약 74%를 차지한다. OECD 평균 수송 부문 배출량은 약 88%로 전 세계 평균보다 높다. 이를 총배출량으로 환산하면 1/4이 넘는 27%다.

또한 내연기관차에서 발생하는 배기가스의 배출량도 상당히 높은 수준이다. 그린피스가 2019년 9월 발표한 〈무너지는 기후: 자동차 산업이 불러온 위기〉 보고서에 따르면 2018년 기준 탄소발자국이 가장 큰 자동차 회사는 폭스바겐 그룹으로 5억 8,200만 톤이며, 자동차 한 대당 평균 탄소발자국은 53.8톤이었다. 한국의 대표 자동차 기업인 현대차그룹의 탄소발자국도 4억 100만 톤으로 글로벌 업계 5위 수준이었으며, 한 대당 평균 탄소발자국은 54톤이었다.

이에 규제 당국인 각국 정부는 지구 온난화의 주원인 중 하나인 자동차의 연비 개선을 통한 배기가스 배출 감소를 요구하며 모빌리티 산업에 변화를 촉구하고 있다. 한편 보조금이나 세금 감면과 같은 재정 정책을 통해 친환경차 구매 유인을 높이고, 소비자가 편리하게 이용할 수 있도록 충전소 인프라를 확충하고 있다. 기업 투자 활성화를 위한 R&D·사업화 재정 지원도 함께 제시하고 있다.

전 세계 주요국은 자동차의 배기가스·연비 관련 정책을 강화하고 있다. 유럽 국가를 중심으로 배기가스 기준 미달 시 완성차 업체에 막대한 규모의 벌금을 부과한다. 미국은 파리기후변화협약 탈퇴로 인해 연비 감축 정책이 일시적으로 후퇴하는 것으로 보이나 캘리포니아주를 중심으로 전기차 의무 생산 등 규제가 이루어지고 있다. 또한 대표적인 배기가스 배출 기준으로 유럽의 유로6(EURO6), 중국의 차이나6(國Ⅵ), 미국의 기업평균연비(CAFE; Corporate Average Fuel Economy) 등이 있다.

국내에서도 자동차 배기가스 배출량 감축과 연비 개선에 대한 규제를 강화하고 있다. 환경부는 자동차 업계의 온실가스 배출량을 최대 28%를 줄이고 연비는 36%까지 늘리도록 하는 기준을 발표했다. 2021년 8월 30일에는 완성차 업체가 2021년부터 2030년까지 연도별로 달성해야 하는 자동차 평균 온실가스·연비 기준이 포함된 '자동차 평균 에너지 소비효율·온실가스 배출허용 기준 및 기준의 적용·관리 등에 관한 고시' 개정안을 31일부터 60일간 행정예고 한다고 밝혔다. 또한 친환경차 판매 비중이 높은 업체에 온실가스 배출량 산정 시 유리한 인센티브를 적용하는 제도(슈퍼 크레딧)를 2026년까지 연장했다. 아울러 경차·LPG차는 배출량 일부를 차감해 적용하기로 했다.

한편 국가마다 친환경차 보급 확대에 대한 지원도 강화하고 있다. 주요 국가별로 공통적인 지원 정책을 살펴보면 세액 공제나 보조금 지원, 세금 감면과 같은 재정 정책과 전기차 충전소 인프라 구축을 위한 투자나 인센티브 제공 및 시범단지 구축, 그리고 R&D와 사업화 지원 등이 있다.

자동차 산업을 둘러싼 모빌리티 시장의 성장세에 이견은 없을 것이다. 다만 시장 안에서 추구하는 목표가 언제 현실화되며, 얼마큼

· 주요 국가별 친환경차 지원 주요 정책 ·

국가	재정	인프라	R&D·사업화 및 기타
미국	· 세액 공제: 배터리 용량에 따라 최대 7,500 달러 (적격 제조사 20만 대 판매 이후 단계적 폐지 예정)	· 세액 공제: 상용 EVSE (전기차 충전 장비) 설치 비용 최대 30% (최대 3만 달러) (적격 주거용 EVSE 구매자 최대 1천 달러) · 투자 지원: 인프라 시설 시범 프로젝트에 3.6억 달러	· 재정 지원: 2012년 배터리, 연료전지, 차량 시스템, 인프라 R&D 예산 약 2.7억 달러 · 구매 촉진: 10개 도시에서 ZEV (탄소배출제로차량) 의무 시행
중국	· 보조금 지원: 6만 위안	· 투자 지원: 2020년까지 480만 개 충전기 설치	· 시범과제 지원: 약 70억 위안
일본	· 보조금 지원: 전기차와 내연기관차 가격 차의 50% 지원 (최대 100만 엔)	· 투자 지원 ①: EVSE의 1/2 지원 (충전기 1기당 최대 150만 엔) · 투자 지원 ②: 전기차 충전소 지원금 약 1천억 엔 설정	· 재정 지원: 인프라 시설 R&D
노르웨이	· 세금 감면: 자동차 등록세, 소비세 · 기타: 유료도로 요금 면제, 공영 주차장 무료	· 보조금 지원: 급속 충전 인프라와 일반 충전 인프라 지원	
핀란드	· 보조금 지원: 국가 전기차 개발 프로그램 (2020년 종료) 참여 차량에 500만 유로 마련		

스 웨 덴	·세금 감면: 도로세 ·보조금 지원 ①: 이산화 탄소 배출량 50g/km 이하 차량 대상 4,500 유로 지원 ·보조금 지원 ②: 2012~ 2014 슈퍼카 환급금 2천 유로		·재정 지원: 배터리 R&D 에 250만 유로
덴 마 크	·세금 감면: 등록세 및 도로세	·투자 지원: 충전 시설 인프라 개발에 7천만 크로네	·전기차-스마트 그리드 통합에 중점
네덜 란드	·세금 감면: 순투자비의 10~12%까지 자동차 세 감면	·인센티브: 400개 충전 소에 인센티브 제공	
독일	·세금 감면: 도로세 ·보조금 지원: 대당 3~4 천 유로 구매 보조	·시범단지: 배터리 전 기차, 플러그인 하이 브리드차 시범단지 4 개 선정	·재정 지원: 전기동력전 달장치 R&D, 밸류 체인 개발 및 최적화, ICT 기 술, 배터리 연구

자료: 중소벤처기업부(2019)

성장할지에 대한 의견은 매우 다양하다. 특히 친환경차와 관련해서는 비싼 원가나 기술적 한계 때문에 대부분의 수요 전망 기관은 규제의 반작용으로 자동차 시장을 설명하려는 경향이 강하다. 만약 정부의 규제 강화가 지연되고 재정 부담으로 부양책을 유지할 가능성이 줄어들면 어떻게 될까? 정말 공급과 수요로 이루어지는 선순환의 생태계는 불가능할까? 최근 경제 충격으로 시장 환경이 달라지면서 친환경차 시장에 대한 시각에도 변화가 찾아왔다.

코로나19 충격으로
인한 대규모 변화

최근 들어 모빌리티 산업은 코로나19로 인한 경제 충격으로 가파르게 변화하고 있다. 코로나19는 자동차 산업이 겪은 과거의 경제 충격, 예를 들면 미국 금융위기, 유럽 재정위기, 동일본 대지진과는 다른 점이 많다. 지난 미국 금융위기와 유럽 재정위기는 소비 위축이 수요 둔화를 불러왔고, 이에 따른 충격이 특정 지역에 한정되거나 차례로 확산되는 형태로 이어졌다.

　동일본 대지진은 공급망에 차질이 빚어지면서 나타난 공급 측면에서의 충격이었으며, 이 또한 일본산 부품의 의존도가 높은 일부분에서만 여파가 이어졌다. 이러한 충격이 신흥 국가나 재정 취약 국가, 공급망 자립도가 낮은 업체로 악영향을 끼쳤지만 전 지구적인 경제 마비를 가져오지는 않았다.

반면 코로나19는 약간의 시차가 있었을 뿐, 동시다발적으로 전 세계 수요와 공급을 멈추게 했다. 이것은 과거의 경제 충격과 이번 충격의 가장 중요한 차이점이다. 중국을 시작으로 동아시아 지역으로 신종 코로나바이러스가 확산되면서 공급망에 차질이 빚어지고 이윽고 소비가 중단되었다. 이후 미국과 유럽 등으로 빠르게 번져가면서 수요와 공급이 동시에 장기간 멈췄다.

코로나19의 확산은 사회적 환경에도 변화를 불러왔다. 위생과 사회적 거리 두기가 전면에 부각되며 사람 간 접촉과 이동을 지양하는 체제가 형성되었다. 오프라인 기반의 연결과 통합, 대면 문화에서 전 세대에 걸쳐 디지털 기반의 연결과 언택트(Untact) 문화가 확산되었다. 특정 집단이나 국가에 한정되지 않고 지역과 세대를 불문해 변화를 불러왔다는 점에서도 이번 충격이 시사하는 바가 크다.

변화는 정치, 기술, 사회, 보건, 경제 등 전 분야에서 나타나고 있다. 정치적으로는 탈세계화가 강화되어 자국 보호주의가 견고해질 것으로 보인다. 또한 코로나19가 환경 악화로 인해 발생했다는 인식에서 탄소 국경세, 공정 저탄소화, 클린 모빌리티에 대한 요구가 증가할 예정이다. 자국 보호주의 기조 강화로 리쇼어링(reshoring, 국내 복귀) 정책이 확대되면서 핵심 산업에 대한 수출을 제한하고 자국 일자리를 늘리는 경향이 강해졌다. 전염 확산을 막기 위한 이동 제한 조치도 탈세계화를 불러왔다.

기술적인 변화로는 디지털 기술 발달을 꼽을 수 있다. 비대면, 비

· 코로나19로 인한 경영 환경의 변화.

세계화(연결통합) →	오프라인, 대면 →	소유 → 공유

코로나19

탈세계화 →	디지털 기술 발달 →	비대면 일상화 →	위생 및 건강 관리 강화 →	공유 → 소유 회귀
· 국가 간 정복 확대, 자국 보호주의로 정치 불안, 갈등 확대 · 보호주의 기조 강화에 따른 리쇼어링 정책 확대(수출 재한, 자국 일자리 확대, 이동 제한, 조치 강화)	· 비대면, 비접촉 기반 서비스 확산 · AI, 클라우드, 5G 기술 확대와 간편 결제, xR 체험 증가 · ICT 업체의 성장 지속	· 언택트 문화 정착(이용 계층과 분야 불문) · 온라인 경제 활동 선호(키오스크 드라이브 스루, 무인 매장 확산)	· 위생 인식 향상 · 공공 위생 중시 · 헬스케어 기술 요구 확대	· 타인 사용 및 장소 공유 기피 (손수 이용서비스로 수렴) · 공유경제 수요와 성장 속도 조절 전망 · '공유'에서 '소유 부담 비용 절감'의 대안으로 초점 변화
공급망 리스크 확대 →	밸류 체인 디지털화 →	배송용 차량 요구 확대 →	위생 관련 수요 확대 →	자동차 소유 증가
· 부품 공급망 재정비 · 조달처 다변화	· 공장 자동화, 온라인 판매 플랫폼, 디지털 마케팅	· 온라인 커머스용 소형 상품 수요 증가	· 헬스케어 사양 선호 · 클린 모빌리티 확산	· 자차 증가 vs. 이동 수요 하락 · 공유업체 선대(fleet) 감소

자료: GBIC, 현대차증권

접촉 기반의 서비스에 대한 요구가 높아지면서 관련 기술이 개발되고 있다. AI, 클라우드, 5G 기술의 확대와 간편결제, xR(확장현실) 체험에 대한 수요 증가로 대응 가능한 ICT 업체들의 성장이 기대된다. 사회적으로는 새로운 트렌드인 비대면 활성화가 자리매김할 것으로 보인다. 그동안 기술 진보에도 자리 잡지 못하던 언택트 문화가 계층과 분야를 막론하고 정착하고 있다. 이에 키오스크, 드라이브 스루, 무인 매장 등이 확산되며 온라인 경제 활동에 대한 선호도가 높아지고 있다.

보건 측면에서는 위생과 건강에 대한 관심이 커졌다는 점에 주목할 만하다. 위생에 대한 인식이 향상되어 공공 위생에 대한 중요성이 커지고 있다. 이에 헬스케어 등 관련 기술 요구가 커지고 있으며 그에 따라 관련 사업도 성장할 것으로 기대된다. 공유경제는 타인과 물건이나 장소를 공유하는 것을 기피하는 문화가 확산되면서 소수가 이용하는 서비스로의 변화가 요구되고 있다. 이에 따라 공유경제의 성장 속도가 조절될 것으로 전망된다. 최근 세대에서 소유보다 공유가 많이 이루어진 부분은 소유로 점차 회귀할 가능성이 있다. 다만 소유로 인한 비용 부담을 줄이기 위한 대안으로 공유는 여전히 관심사가 될 것으로 보인다.

이러한 탈세계화, 디지털 기술의 발달, 비대면의 일상화, 위생과 건강 관리의 강화, 소유로의 회귀가 모빌리티 산업에는 공급망 리스크, 밸류 체인(value chain)의 디지털화, 배송 서비스 사업의 활성화와 PBV(Purpose Built Vehicle, 목적 기반 차량) 수요 확대, 위생 관련 편의

사항 요구 확대, 자동차 소유 확대로 이어지리라 본다. 탈세계화로 인해 먼젓번 동일본 대지진 때와는 달리 공급망 리스크가 전 산업에 퍼질 가능성이 있다.

공장 자동화나 온라인 판매 플랫폼 등 디지털화 요구도 높아질 것이다. e-커머스(전자상거래) 시장이 성장하면서 배송 서비스 산업도 동반 성장하고, 배송용 차량과 나아가 PBV에 대한 요구도 커질 전망이다. 위생적이지 않은 공유 차량보다 클린 모빌리티 기반의 자차 수요 또한 성장할 것으로 기대된다.

이처럼 모빌리티 산업에서 일어난 과거와 현재의 충격에서 가장 큰 차이점을 고르자면, 소비 트렌드라고 볼 수 있다. 과거의 경제 충격은 수요나 공급 측면에서 차질이 빚어진 다음에 다른 소비 패턴으로 회복되는 방식이었다. 예를 들어 미국 금융위기 당시 주택 경기 부진과 유가 상승으로 SUV 등 경상용차보다 연비가 우수한 승용차가 많이 팔린 것을 꼽을 수 있다.

반면 이번 충격에서는 각국에서 탈세계화와 자국 보호주의가 강화되고 탄소 국경세, 산업 저탄소화에 대한 요구가 더욱 높아졌다. 경제 극복을 위해 그린 뉴딜을 활발하게 전개하는 것노 같은 맥락에서 해석할 수 있다. 또한 소비자들은 코로나19가 환경 변화로 인해 발생한 질병으로 인식하고 클린 모빌리티 소비에 나섰다. 이해관계와 상관없이 동시다발적으로 변화를 요구한 점에서 의미가 깊다.

이는 자동차 산업의 패러다임을 빠르게 전환하는 촉매 역할을 했다. 완성차 업체는 위기 극복과 미래 대응을 동시에 추진해야 하는 부담을 떠안게 되었다. 전기차 완충 시장이 부재하고 산업 패러다임 전환을 진행하며 투자 집행이 늘어난 상황에서 이번 충격이 일어났다. 공급과 수요가 동시에 타격을 받은 탓에 영업활동 현금 흐름과 유동성은 위축될 수밖에 없었다. 시대 변화에 대응할 수 있는 업체와 그렇지 않은 업체가 극명하게 나뉘며 생존자와 낙오자로 선이 그어졌다.

한편 탈세계화로 인해 공급망을 점검하려는 요구도 늘어날 것이다. 공장 자동화 이슈부터 부품 조달처 다변화, 공급망 집중도 분산에 이르기까지 전반적인 공급망의 변화가 예상된다. 이번 코로나19를 경험하며 규모의 경제가 달성되어 고정비 부담이 적고 수익성 확보가 가능한 업체, 유보 현금 등 유동성과 재무 여력이 있는 업체는 투자에 더욱 열을 올리고 있다. 차량 플랫폼을 통합하고 부품 표준화를 통해 공용화율을 올려서 기존 제품에 대한 원가 경쟁력을 높일 것으로 보인다. 반면 상대적으로 여유가 없는 업체는 비용 절감을 위해 플랫폼을 외주화하리라고 예상해볼 수 있다.

대표적으로 전기차 시장의 경우 이러한 움직임이 이미 일어나고 있다. 주요 전망 기관이 예상하는 2025년 15% 수준의 순수 전기차 시장 침투율을 예로 들어보자. 수익성 기준인 연간 100만 대 규모를 생산하려면, 시장의 요구보다 많은 전기차를 생산하는 데 따른 개척 비용이 들어간다. 즉 약 667만 대 이상(총생산 능력의 15%가 100만 대 이상)의 연산 능력을 보유하고 특정 시장에 편중되지 않은(well-diversified) 판매 포트폴리오를 보유했으며 재무적으로 투자 여력이 있는 업체여야 전기차 전용 플랫폼을 투자하기에 적당한 조건을 갖췄다고 볼 수 있다.

실제 순수 전기차 업체인 테슬라 등과 상대적으로 투자금 회수가 용이한 고급차 업체를 제외한 대중차(volume brand) 업체 중 순수 전기차 전용 플랫폼을 선보인 업체는 대부분 600만 대 이상의 생산 능력을 보유한 폭스바겐, 현대차 등이다. 반면 동일한 조건에서 연산 500만 대 미만의 업체 중 전기차 전용 플랫폼을 선보인 업체는 손에 꼽힌다. 대표적으로 포드는 폭스바겐의 플랫폼을, 혼다는 GH의 플랫폼을 차용해 순수 전기 승용차를 대응하는 전략을 발표했다.

소비 트렌드 변화에 적응하고 이를 CASE에 적용하려는 시도가 가속되고 있는 점도 주시하자. 비대면 유통·A/S 채널이 코로나19 이후 크게 강조되고 있다. e-커머스 시장이 성장하면서 운송 서비스 사업자(LSP; Logistics Service Provider)가 등장하고, 배송에 적합한 전용 차량인 목적 기반 차량(PBV) 시장이 크게 성장할 것으로 보인다. PBV나 자율주행 배송을 위한 소형 상용 모델의 등장과 같이 변화하는 시장에 적응하지 못하는 업체는 장기적인 생존을 위협받을 것이다.

그린 뉴딜, 탄소 국경세 그리고 RE100

2007년 금융위기 당시 미국과 유럽에서 처음 대두된 그린 뉴딜이 코로나19로 인한 경제 악화 국면에서 화두로 떠올랐다. 세계적인 미래학자 제레미 리프킨은 저서 『글로벌 그린 뉴딜』에서 2028년경 화석연료 기반의 문명이 붕괴하고 산업계는 화석연료에서 태양광, 풍력과 같은 재생 에너지와 결합하리라고 전망했다.

이 책에 따르면 2015년부터 태양광, 풍력 등 재생 에너지 비용이 급격히 떨어지며 2028년 전후로 100조 달러에 이르는 화석연료 기반의 좌초 자산이 발생한다. 영국의 금융 싱크탱크인 카본 트래커 이니셔티브(Carbon Tracker Initiative)의 말을 인용하자면, 재생 에너지의 전기 공급량이 14%를 넘어서는 시점에 과도기가 형성된다.

2017년 독일에서 재생 에너지 전기 공급 비중이 15%에 이르자 원자력과 화석연료의 성장 속도가 급격히 둔화한 사례를 근거로 들고 있다. 이러한 인프라 파괴는 전 세계 재생 에너지 전기 공급 비중이 14%를 달성하는 2028년 전후로 세계적인 현상이 될 것으로 예상된다.

또한 리프킨은 화석연료에서 녹색 에너지로의 전환을 '3차 산업혁명'으로 정의한다. 디지털화한 재생 에너지 인터넷, 친환경 자율주행 기반의 디지털 운송·물류 인터넷을 3차 산업혁명의 핵심으로 기술하고 있다. 이를 위한 그린 뉴딜 정책으로 정부 주도의 화석연료 보조금 삭감, 스마트 그리드(지능형 전력망) 인프라 준비 등을 제시한다. 또한 그린 뉴딜은 밀레니엄과 Z세대 등 젊은 세대 중심으로 추진되어야 한다고 주장한다. 인류가 기후변화로 인해 멸종 위기의 생물종이 되고 있음을 깨닫기 시작한 젊은 세대가 보수적인 기성세대보다 빠르게 문제를 의식하고 해결 방안을 고민하고 있다는 점도 지적했다.

주요국은 코로나19 이후 역점 사업으로 그린 뉴딜을 앞세우고 있다. 경제 충격에서 회복하고자 환경 기술과 자본 기반의 성장을 도모하기 위함이다. 이에 정책 시행 국가들은 서탄소화 산업의 주도권을 확보하고 전기차 산업을 집중적으로 지원하며 전동화, 즉 자동차 구동 방식의 전기화 시대를 앞당기고 있다. 이를 통해 국가 성장 동력을 마련할 계획이다. 전 세계 온실가스의 주요 원인인 자동차 산업을 중심으로 궁극적으로 재생 에너지, 수소 사회와 연계한 차량 운행과 공정 저탄소화가 추진될 것이다.

2020년 5월, 유럽은 2050년 탄소 중립(Net-zero)이라는 기후 중립 목표를 세우고 1조 유로 규모의 경기 부양책을 발표했다. EU 역사상 최대 규모 부양책으로, '유러피언 그린 딜(European green deal)'이라고 부른다. 유러피언 그린 딜은 저탄소 산업 투자를 통한 경기 회생과 성장에 목적을 두고 재생 에너지 확대 보급, 수소 경제 활성화, 전기차 확대, 탄소 국경세 도입 등을 시행할 계획이다. 이후 이어진 EU 주요국의 전기차 산업 지원 정책도 유러피언 그린 딜의 연장선에서 이루어진 정책임을 염두에 둘 필요가 있다. 전 세계 전기차 산업에서 주도권을 확보하고자 정책을 세부화한 점이 특징이다.

중국에서는 리커창 총리가 2020년 양회에서 에너지 안보의 중요성을 언급하며 친환경차 보조금 연장과 전기차 확대 목적의 인프라 투자 등 새로운 인프라 건설 계획을 발표했다. 해당 계획안에는 스마트 전기차 충전소 확충을 포함한 7개 분야의 계획이 포함되어 있다. 그리드 패리티(grid parity, 화력 발전 생산비용과 신재생 에너지 생산비용이 같아지는 지점) 달성을 목표로 에너지법을 만드는 등 수소 산업 활성화까지 연결된 프로젝트를 진행하는 중이다.

미국은 조 바이든 대통령이 후보 시절 그린 뉴딜을 공약으로 내걸고 적극적으로 지지한 바 있다. 성장과 분배를 위한 그린 뉴딜 결의안이 상원에서 부결된 이후 재생 에너지로의 100% 전환, 제조업의 탈탄소화, 2050년 탄소 중립 달성 등의 정책과 1.7조 달러 규모의 투자를 공약으로 내세웠다. 4조 달러에 해당하는 인프라 예산 중 일부인 1조 달러의 예산안이 지난 2021년 8월 상원을 통과했다.

국가	내용
EU	① 2050년 기후 중립 달성 목표로 저탄소 산업 지원하는 1조 유로 규모 경기 부양책 발표(2020년 5월) 　- EU 역사상 최대 규모 부양책, 저탄소 산업 투자를 통한 경기 회생 목적 (7,500억 유로 회생 기금 포함) 　- 재생 에너지 확대 보급, 수소 경제 활성화, 전기차 확대, 탄소 국경세 도입 등 ② 독일, 코로나19 경기 부양책으로 전기차 산업 지원 정책 발표(2020년 6월) 　- 배출세 부과 검토(2021년): 195g/km 이상 이산화탄소 배출 차량에 세금 2배 인상 　- 전 세계 전기차 산업 주도권 확보 목적 ③ 배터리 기술 개발 투자: EU 10억 유로, 유럽 배터리 연합 60억 유로 투입해 공동 개발 ④ 배터리 전기차 지원책: 보조금 상향, 충전 인프라 확충, 독일·프랑스 등 회원국의 유럽 최대 전기차 생산국 목표
중국	① 경기 회복을 위한 신(新) 인프라 건설 계획(스마트 전기차 충전소 포함 7개 분야) 발표 　- 하이테크 인프라를 위한 특별 국채 발행(2020년 5,290억 달러): 전기차 확대 목적, 충전소 설치 　- 신에너지차(NEV) 보조금 연장: 2020년 폐지 예정 정책을 연장함(구매 보조금, 취득세 면제, 보조금 30만 위안 이하) ② 재생 에너지 기반 그리드 패리티 계획: 육상 풍력, 태양광 발전 그리드 패리티 달성 목표 보조금 지원(2021년) 　- 에너지 안보 중요성 강조: 재생 에너지 보급, 에너지 저장 능력 확대 등 　- 에너지법 마련: 수소를 주에너지원으로 편입, 수소 산업 활성화(중국 국가에너지국, 2020년 4월) 　- 성(省)급 재생 에너지 전략 의무 할당량 부과(2020년)
미국	① 바이든 대통령, 그린 뉴딜에 적극적으로 지지 의사 표명: 2050년 탄소 제로 달성, 파리기후변화협약 재가입, 기후변화 대응을 위한 1.7조 달러 투자 공약 발표(2020년 6월) 　- 그린 뉴딜 결의안 상원 부결(2019년): 2030년까지 재생 에너지로 100% 전환, 제조업의 탈탄소화 등

자료: 언론 종합

한국 또한 코로나19로 인한 경제 침체 극복과 패러다임 대전환이라는 두 가지 과제에 대응하기 위해 한국형 뉴딜 정책을 발표했다. 정부는 비대면 수요 급증으로 인한 디지털 경제 전환 가속화, 저탄소·친환경 요구 증대로 인한 그린 경제 전환 촉진, 경제·사회 구조 대전환과 노동시장 개편에 따른 양극화 심화를 코로나19로 인한 대표적인 구조 변화로 꼽았다. 이러한 변화에 대응하기 위한 한국형 뉴딜의 구조와 추진 전략으로 선도형 경제, 저탄소 경제, 포용 사회 도약을 목표하고 있다.

한국 정부는 이 중 저탄소 경제의 그린 뉴딜에서 그린 경제로의 전환 가속화를 통해 탄소 중립을 지향하고 친환경·저탄소 에너지 저장에 관심을 보이고 있다. 에너지 절약과 환경 개선, 신재생 에너지 확산에 기반한 그린 에너지 댐 등의 인프라 구축과 모빌리티·에너지·기술 등 친환경 기업 경쟁력을 강화해 글로벌 시장을 주도적으로 선점하는 데 목표를 두고 있다.

또한 한국 정부는 그린 뉴딜로 총사업비 73.4조 원(국비 42.7조 원), 일자리 65.9만 개 창출을 계획하고 있다. 기후변화 대응 강화, 친환경 경제 구현을 위한 녹색 인프라(국비 12.1조 원), 신재생 에너지(국비 24.3조 원) 녹색 산업 육성(국비 6.3조 원) 등에 총사업비를 분배해 투자를 진행할 것이라고 밝혔다.

한국형 뉴딜에서 모빌리티와 직간접적으로 관련한 투자 계획의 주요 내용은 다음과 같다.

① 그린 뉴딜 중 저탄소·분산형 에너지 확산, 녹색 산업 혁신 생태계 구축

- 저탄소 분산형 에너지 확산: 에너지 효율화를 위한 스마트 그리드 구축(지능형 전력망, 친환경 분산형 에너지, 전선 지중화), 신재생 에너지 확산 기반 구축 및 공정한 전환 지원(풍력, 태양광, 공정 전환), 전기차·수소차 등 그린 모빌리티 보급 확대(누적 기준 전기차 113만 대, 수소차 20만 대 보급과 인프라 확충, 수소 충전소 450개 설치, 노후 차량 조기 폐차 지원)

- 녹색 산업 혁신 생태계 구축: 녹색 선도 유망 기업 육성 및 저탄소·녹색 산업단지 조성(환경·에너지 분야 중소업체 지원, 스마트 에너지 플랫폼, 스마트 팩토리 포함 친환경 제조 공정), R&D·금융 등 녹색 혁신 기반 조성

② 10대 대표 과제 중 그린 에너지, 친환경 미래 모빌리티

- 그린 에너지: 태양광, 풍력 등 신재생 에너지 산업 생태계 육성을 위한 대규모 R&D·실증사업, 설비 보급 확대(2022년까지 4.5조 원, 2025년까지 11.3조 원 투자 계획) → 신재생 에너지 기반 인프라 구축, 수소 생산부터 활용까지 전주기 원천기술 개발 및 수소 도시 조성(2020~2022년 울산, 전주·완주, 안산 등 수소 도시 조성, 2025년 3개 도시 추가 조성)

- 친환경 미래 모빌리티: 배기가스 저감, 글로벌 미래차 시장 선점을 위한 전기차·수소차 보급, 노후 운송 수단의 친환경 전환 가속화(2022년 8.6조 원, 2025년 20.3조 원 투자 계획)

→ 전기차: 113만 대(누적) 보급, 급속 1.5만 대, 완속 3만 대 누적 확충

→ 수소차: 20만 대(누적) 보급, 충전 인프라 450기(누적) 보급, 수소 생산기지 등 유통 기반 구축, 노후 운송 수단(선박 등) 친환경 전환

한편 코로나19 이후 팽배해지는 무역보호주의 속에서 유럽을 중심으로 탄소 국경세에 대한 재논의가 시작되었다. 탄소국경조정제도(탄소 국경세)는 EU보다 탄소 배출이 많은 국가에서 수입되는 상품에 관세를 부과하는 제도다. EU 상품 수출 시 탄소 감축 비용을 환급해주며 EU 역외로의 탄소 누출 방지, 공정 경쟁, 상대국의 기후변화 노력 촉진을 목적으로 하고 있다

탄소국경조정제도는 2020년 5월 발표한 EU 회생 계획을 위한 자금원(탄소 국경세, 디지털세, 다국적 기업 대상 과세 등) 중 하나다. 세금과 배출권의 형태로 나뉘며, 세금은 탄소세에 대한 수입 국경세 조정(import-side CBTs, 수입품에 관세 부과)과 탄소세에 대한 수출 국경세 조정(export-side CBTs, 자국 상품에 탄소세 면제)으로 구분된다. 배출권의 경우 배출권 거래제에서 수입업자에게 배출권 매입·제출을 요구할 수 있다. 탄소 국경세는 EU 기업이 해당 제품을 EU에서 생산할 때 탄소 배출과 관련해 부담해야 하는 비용(예를 들어 온실가스 배출권 구입 등)과 같은 수준의 비용이 부과될 것으로 예상된다.

향후 EU가 탄소 국경세를 도입할 경우 한국 자동차 산업이 악영향을 받을 가능성이 매우 크다. 유럽 대상으로 사업을 펼치고 있는 한국 자동차 업체(부품 업체 포함)는 재생 에너지를 활용한 생산 공정의 저탄소화에 대한 압박을 받고 관련 투자를 늘릴 것으로 예상된다.

OECD에서 발표한 통계자료에 따르면 유럽은 탄소 순수입국, 한국은 탄소 순수출국으로 구분된다. 2015년 기준 한국은 4,800만 톤의 이산화탄소를 순수출하고 있는 것으로 파악된다. 중국과 인도, 한국 등이 대표적인 탄소 수출 국가다.

한국은 탄소 배출 대부분(80.5%)에 5유로 이상의 탄소 가격을 이미 부과하고 있는 것으로 파악된다. OECD에서 제시하고 있는 실질탄소가격(ECRs; Effective Carbon Rates)은 에너지 사용에 따른 이산화탄소 배출에 적용되는 가격으로 세금과 배출권 가격의 총합으로 구성된다. 세금은 에너지의 탄소 함량(carbon content)에 부과되는 탄소세(carbon tax)와 에너지 단위당 사용에 부과되는 종량세(specific tax) 두 가지를 합산하고 있다.

2015년 기준 한국의 대(對) EU 교역에서 자동차를 포함한 수송 부문의 제조업 탄소 순수출량은 4,260만 톤에 이른다. 이는 산업 구분별 가장 큰 배출량이다. 한국을 포함한 대다수의 제조업 기반의 국가는 탄소 순수입국인 선진국에 비해 탄소 국경세에 취약할 수밖에 없다. 게다가 제조업, 특히 자동차 산업은 탄소 배출 이슈에 더욱 민감한 상황에서 전략적인 대응이 필요하다.

RE100 또한 모빌리티 산업의 부담 요인 중 하나다. RE100은 기업 활동에 필요한 전력을 100% 재생 에너지로 전환하자는 글로벌 캠페인이다. 생산 공정의 저탄소화를 자발적으로 실현하기 위해 글로벌 기업들은 RE100에 참여하며 협력 업체에도 참여를 요구하고 있다. 2019년 기준 RE100에 참여하는 글로벌 기업은 200여 사가 넘었으나 국내 기업은 현행법상 자가 발전 외에는 전력 확보가 불가능해 RE100 참여가 어려운 상황이다. 대다수의 참여 업체는 협력 업체에 납품 제품을 재생 에너지를 통해 생산할 것을 요구하고 있다 (예를 들어 애플, BMW 등). 그 때문에 관련한 공급망에서는 RE100 참여가 고객 관계 지속과 수출 가능성을 판단할 주요인이 될 것으로 보인다.

한국 기업 중 LG화학은 2020년 7월, '2050년 탄소 중립 성장'을 선언하며 업계 처음으로 RE100을 추진한다고 밝혔다. 지속 가능한 성장 전략 핵심 5대 과제로 기후변화 대응, 재생 에너지 전환, 자원 선순환 활동, 생태계 보호, 책임 있는 공급망 개발·관리를 선정했다. 또한 2050년 탄소 배출량 전망치의 60% 이상인 3천만 톤을 감축하겠다는 목표를 수립했다.

기후변화에 선제적으로 대응하는 업체들은 ESG(Environmental, Social and Governance, 환경·사회·지배구조) 책임 강화 측면에서 큰 주목을 받으며 투자자의 전략에 영향을 미치고 있다. 탄소 배출량이 많은 자동차 산업에서 이러한 요소가 장기적으로 경영 전략에 변화를 가져올 것으로 예상된다.

변화의 촉매 ③

바이든 시대와
기후정상회의까지

미국의 그린 뉴딜은 2019년 2월 민주당 알렉산드리아 오카시오코르
테스 하원의원이 그린 뉴딜 결의안을 제출하고 111명의 의원이 이
에 서명하면서 주목받기 시작했다. 이 결의안의 3대 핵심 목표는 온
실가스 감축과 일자리 창출, 사회 불평등 해소로, 기후변화 대응부터
경제 불평등 해소까지 포함하는 넓은 범위의 개혁 정책이다. 이를 위
해 경제·생활·교통·인프라 등 여러 방면에서 정부 주도의 탈탄소 프
로젝트 투자를 진행하고 있다. 이렇듯 미국 정부는 탈탄소화를 위한
과감한 재정 지원과 구조적 불평등 해소를 위한 정책에 주안점을 두
고 있다.

그린 뉴딜 결의안은 2018년 IPCC(기후변화에 관한 정부 간 협의체)의

〈IPCC 1.5℃ 특별 보고서〉와 미국 연방기구의 기후변화 영향 보고서를 근간으로 하고 있다. 기후변화 영향 보고서는 2030년까지 탄소 배출 45% 감축을 목표로 2050년까지 순배출량을 0으로 상쇄하겠다는 점에서 유럽의 뉴딜과 닮은 구석이 있다. 목표를 달성하면 지구 평균 기온 1.5℃ 이내 제한에 일조할 수 있을 것으로 보인다. 그러나 기후변화를 막기 위해 신흥국의 생산기지를 위축할 경우 공급사슬이 붕괴해 수출 경제에 타격을 입힐 수 있고, 나아가 신흥국 소비 및 미국 무역 전반에 피해를 줄 것으로 예측된다.

그린 뉴딜은 조 바이든 대통령의 중요한 대선 공약 중 하나다. 2020년 7월에 공약으로 발표한 그린 뉴딜 투자 계획은 기후 위기에 대응하면서 경제적 기회를 창출한다는 목표를 담고 있다. 이 계획에 따르면 향후 4년간 교통, 전기, 건물 등의 분야에 재생 에너지 사용 확대를 위한 인프라 강화를 명목으로 2조 달러가 투입될 예정이다. 취임 이후 바이든 대통령은 백악관 내 기후 관련 특별 조직인 국내기후정책실(Office of Domestic Climate Policy)을 신설하고 재생 에너지를 비롯한 기후 관련 공약들을 현실화하고 있다. 파리기후변화협약에 재가입하고 화석연료 보조금을 폐지하는 등 트럼프 행정부의 반환경적 정책들을 이전으로 돌려놓고자 추진하는 중이다.

유럽과 마찬가지로 2050년까지 탄소 중립을 목표로 세운 만큼, 미국에서도 사회 전반에서 에너지원과 이동 수단별(특히 자동차) 구동 방식 변화가 불가피해질 전망이다. 이에 유럽과 중국과 달리 상대적으로 소극적인 태도를 보였던 미국 내 주요 브랜드들은 전기차와 관련

구분	내용
정책 기조	• 파리기후변화협약에 재가입하고 트럼프 행정부의 반환경적인 정책들을 이전으로 복구 • 2050년까지 경제 전반에서 배출가스 순배출량 제로를 목표로 상정
인프라	• 도로, 철도, 다리, 녹지공간, 수도, 전력망, 광대역 통신 등 청정에너지 생태계 구축을 위한 인프라 투자 추진(4년간 2조 달러 투자)
청정 에너지 혁신	• 기후 관련 총괄연구기관 ARPA-C(Advanced Research Projects Agency for Climate) 신설 • 에너지 저장, 네거티브 배출 기술, 차세대 건축 자재, 재생 수소, 첨단 원자력 등의 기술 활용을 통한 비용 절감 및 혁신 기술 상용화 지원
전력	• 2035년까지 전력 부문 탄소 배출 제로 달성 목표 • 재생 에너지 확대(태양광 지붕 800만 개, 태양광 패널 5억 개, 풍력 터빈 6천 개 설치) • 에너지 저장 장치 및 재생 에너지 전용 송전망 건설 계획
에너지 효율	• 5년 내 신축 건물 400만 채에 탄소 배출 제로 적용 목표 • 에너지 빈곤층 지원 프로그램 도입, 관련 금융 지원 제도 개선
교통	• 캘리포니아식 강력한 자동차 연비 규제 시스템 도입 • 50만 대의 스쿨버스, 300만 대의 공공차량을 탄소 배출 제로 차량으로 대체 • 50만 개 이상의 공공 전기차 충전소 설치 • 탄소 배출차 생산 업체 신설 및 구공장 전환에 보조금 및 국가 보증 융자 지원 • 항구 탄소 배출 저감 및 고속철 확대 등을 통한 공해 저감 노력

자료: 강구상, 김종혁, 김지운(2020.9), 대외경제정책연구원, 언론 종합. 국회도서관 재인용

한 전략을 강화하며 정책 방향성에 동조하고 있다.

바이든 대통령 취임과 함께 미국 전동화 전략도 한층 강화되었다. 유럽, 중국과 함께 주요 3대 시장으로 꼽히는 미국 자동차 시장에 전동화 전략이 구체적으로 변화하면서 전기차 시장의 기대치와 가시성

은 더욱 높아지고 있다. 미국 친환경차(전기차 및 하이브리드차 포함) 판매량은 2020년 기준 중국 165만 대, 일본 93만 대에 이어 79만 대로 세계 3위를 기록했다. 신재생 에너지 관련 컨설팅 업체인 SNE리서치(SNE Research)에 따르면 미국 내 친환경차 생산 비중 역시 2018년 3.7%에서 2023년 13.7%까지 꾸준히 증가할 예정이다.

바이든 행정부는 트럼프 행정부의 자동차 평균 연비 기준을 재검토하고 전기차 세금 감면 한도를 제작사별 최대 20만 대에서 60만 대로 높이는 법안을 제출하는 등, 전기차 판매 확대를 통해 기후변화에 대응하고 있다. 현재 미국은 주로 세액 공제 형태로 보조금을 지급해 특정 자동차 제조사로 보조금이 쏠리는 현상을 방지하고 있다. 연방 정부는 배터리 전기차에 최대 7,500달러, 플러그인 하이브리드차에 최대 4천 달러까지 보조금을 지원하고 있다. 일부 주에서는 추가로 500~3천 달러의 세액 공제와 차량등록세 할인 및 배기가스 측정 면제 혜택을 제공해 배터리 전기차 판매를 촉진하고 있다. 또한 '바이 아메리칸(Buy American)'으로 대표되는 미국산 제품 구매 촉진 정책과 자국 산업 경쟁력 강화 정책을 추진하면서 공공기관 차량을 자국산 전기차로 교체하겠다는 계획을 2021년 1월에 발표했다.

2020년 11월 미국 배터리 전기차 전환을 촉구하는 대규모 로비 단체 ZETA(Zero Emission Transportation Association)가 출범했다. 이 단체에 테슬라와 루시드(Lucid), 리비안(Rivian) 등 신흥 배터리 전기차 업체, 배터리 소재·충전 인프라 등 기존 완성차 업체를 제외한 전기차 생태계 구성 업체 28개사가 처음 참여했고, 현재 55개사로 불어났다. ZETA는 인센티브 확대, 충전 인프라 및 배기가스 규제 강화, 미국 내 배터리 전기차 산업 촉진, 정부 지원 강화와 2030년까지 전기차로 100% 판매 전환을 목표로 설정했다. 미국은 정부와 산업계가 상호 협력하며 친환경차 시장 전환을 가속할 전망이다.

2021년 6월에는 반도체, 전기차용 배터리, 희토류, 의약품 등 수급 취약성이 우려되는 4개 핵심 산업에 대해 공급망 탄력성 개선을 위한 행정 명령 결과를 발표했다. 제조업 생산 능력 부족과 민간 기업의 단기 성장 방향 및 인센티브 부재, 동맹국과 경쟁국의 산업 정책, 글로벌 소싱의 높은 집중도, 국제 협력 부족이 원인으로 지적되었다. 이에 미국 내 생산 확대를 위한 정책적 근거가 마련되었다. 동맹국을 통해 미국 내 공급망과 미래 산업 투자에 역량을 집중하는 한편, 중국 등 경쟁국에 대한 견제가 더욱 강화될 것으로 예상된다. 반도체 기업의 자국 투자를 촉진하는 '반도체 생산 촉진법(CHIPS for America Act)'을 통과시켜 미국 내에서 생산 시설이나 연구 시설을 건설할 경우 보조금을 지급하는 등의 정책도 펼치고 있다

코로나19 이후 주요국의 그린 뉴딜로 빨라진 글로벌 기후변화 대응과 바이든 취임 이후 미국의 탄소 중립 목표 수립은 2021년 4월 개최된 기후정상회의(Leaders Summit on Climate)로 이어졌다. 주요 40개국 정상과 국제기구, 기업이 함께하는 이 정상회의에서는 기후변화 대응을 위한 재원 마련과 개발도상국 지원 확대 방안, 탄소 중립 기술 혁신 방안과 다자간 협력 추진 사안, 그리고 기후변화로 인한 위험과 기회를 공유하는 방안에 대해 논의했다.

기후정상회의에서는 국가별로 탄소 배출 감축 목표를 상향했는데, 미국은 2005년 대비 2025년까지 26~28%였던 탄소 배출 감축 목표치를 2030년까지 50~52%로 올린다고 발표했다. 유럽이나 일본, 한국 등 대다수 국가도 감축 목표를 상향하거나 상향할 예정이라는 계획을 밝혔다. 탄소 배출량 1위 국가인 중국 또한 2020년 발표한 2060년 탄소 중립 달성 목표를 재차 확인했다.

이 정상회의에서 몇 가지 공감대가 형성됐다. 먼저 자발적인 탄소 배출 감축 목표 달성을 위한 협력 추진 과정에서 기존보다 높은 수준의 감축 조치와 행동이 요구된다는 점에 모두 합의했다. 코로나19로 인한 경제 활동 위축으로 전 세계적으로 탄소 배출량 증가세가 주춤했지만, 2019년 6천억 달러 규모의 기후 재원이 기후변화 대응에 충분하지 않다는 점도 모두 동의했다. 이에 공공과 민간 부분의 고른 노력과 각국의 탄소세, 크레딧 등 가격제도 도입 필요성이 화두에 올랐다. 자발적인 감축의 한계를 극복하기 위해 탄소를 많이 배출하는 국가들이 적극적으로 의지를 보이고, 미국 주도로 중국과 함께 정책 강화를 환기했다는 사실은 긍정적으로 평가받고 있다.

이러한 전 세계적인 노력은 전기차 시장에도 반영되고 있다. 디젤게이트 이후 내연기관 제조 기반에서 벗어나고자 했던 유럽은 탄소 중립을 앞세워 글로벌 전기차 시장을 주도하고자 각종 정책을 추진하고 있다. 전 세계 자동차 시장 1위인 중국은 기술 표준화와 친환경차 전략을 강화하는 모습이 두드러진다.

한편 유럽과 중국의 전기차 시장 양강 구도 속 뒤늦은 미국의 탄소 중립 선언과 그린 뉴딜, 전기차 시장 활성화 전략이 가시권에 올랐다. 이는 자동차 시장을 주름잡는 세 곳에서 100년 넘게 이어진 내연기관 위주 산업을 탈피하고자 준비 과정에 돌입했음을 알려주는 신호와도 같다. 전기차와 수소차 등 클린 모빌리티의 성장뿐만 아니라 화석연료에서 재생 에너지로의 전환이 가속된다는 점에서 여기서 파생되는 다양한 변화가 시장의 성장을 이끌 것으로 기대된다.

Chapter 2

에너지 전환과 전기화:
인류사 가장 큰 변화의 시작

최근 진행되는 에너지 전환은 전기·가스·석유 등 다양한 에너지가 2차 에너지인 전기, 그중에서도 '청정에너지원이 만든 전기'로 단일화되는 양상으로 볼 수 있다. 이는 화석연료 관련 사업을 영위하던 기업들에는 큰 위기가 될 것이다. 반대로 전기 및 재생 에너지 관련 사업은 새로운 기회를 맞을 것이다. 모빌리티 혁명은 전 세계 석유 생산량의 45%가 소비되는 자동차의 연료가 변화하는 것으로 에너지 전환과 밀접한 관련이 있다. 따라서 에너지 산업의 주역인 태양광과 에너지 저장(배터리, 수소)에 주목할 필요가 있다.

모빌리티 혁명의 다른 이름, 에너지 전환

몇몇 모빌리티 혁명에 관한 서적에서 자동차가 아닌 에너지 이야기를 굳이 꺼내는 이유가 무엇일까? 에너지와 자동차는 절대 동떨어진 주제가 아니기 때문이다. 석유 시대는 어둠을 밝히기 위한 등유를 만드는 것에서 시작되었다. 미국에서는 18세기 이후 등화용 연료로 고래기름을 최고로 쳤다. 이외에도 동식물에서 기름을 추출하거나 석탄을 건류해 얻은 석탄유 등을 사용했으나, 이들은 품질이 떨어졌다. 1859년 미국 펜실베이니아주 오일 크리크(Oil Creek)에서 에드윈 드레이크라는 사람이 석유 굴착에 성공하면서 세상은 달라지기 시작했다.

원유에서 분리해낸 등유는 등화용으로 품질이 우수하고 고래기름

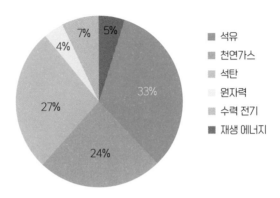

· 전 세계에서 쓰이는 에너지 비중 ·

- ■ 석유
- ■ 천연가스
- ■ 석탄
- ■ 원자력
- ■ 수력 전기
- ■ 재생 에너지

자료: BP 〈Statistical Review Of World Energy 2019〉

보다 가격이 저렴했다. 이러한 이유로 등유는 전 세계에 보급되었고, 대대적인 석유 생산과 정제 설비 투자가 이루어졌다. 석유의 시대가 시작된 것이다. 하지만 석유를 정제해 등유를 분리하고 나면 잉여물들이 남는 것이 문제였다. 휘발유는 그중 가장 변변치 못한 제품이었다. 용제와 난로 연료로만 사용되었고 그마저도 쓸모없으면 태워버리기도 했다. 하지만 폭발성을 지녔다는 문제가 있었다.

휘발유가 가장 중요한 석유 제품이 된 데는 자동차 산업의 성장이 있다. 1885년 독일의 고틀리프 다임러는 휘발유로 작동하는 내연기관을 완성했다. 폭발기관이라고도 불리던 이 내연기관은 휘발유가 지닌 폭발성에 주목해 얻어낸 결과였다. 이로 인해 가장 볼품없는 물질이었던 휘발유가 원유에서 중요한 제품으로 부상했다. 그리고 루돌프 디젤이 중질유의 분사작용에 의한 디젤엔진 특허를 신청하면서

· 전 세계 석유 사용 비중 ·

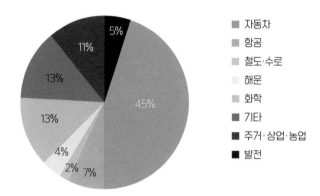

- ■ 자동차
- ■ 항공
- ■ 철도·수로
- ■ 해운
- ■ 화학
- ■ 기타
- ■ 주거·상업·농업
- ■ 발전

자료: 석유수출국기구(OPEC), 현대차증권

· 전기 생산에 쓰이는 연료 비중 ·

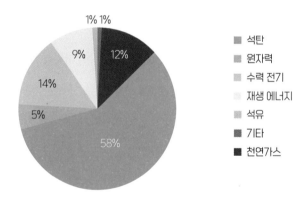

- ■ 석탄
- ■ 원자력
- ■ 수력 전기
- ■ 재생 에너지
- ■ 석유
- ■ 기타
- ■ 천연가스

자료: BP 〈Statistical Review Of World Energy 2019〉

디젤 수요도 매우 증가했다.

이후 그 유명한 헨리 포드가 1908년 컨베이어 벨트 시스템을 도입해 모델T를 저렴하게 대량 생산하면서 바야흐로 자동차의 시대가 열렸다. 그전까지 등화용이던 석유가 수송용으로 쓰이기 시작했으며, 값싼 휘발유를 석유 제품에서 가장 높은 자리에 올려놓았다. 고성장하는 자동차 수요를 바탕으로 석유 산업은 전성기를 구가하게 된다.

에너지 시장에서 석유가 차지하는 위치는 여전히 절대적이다. 전 세계에서 소비되는 1차 에너지의 33%가 석유이며, 전체 석유에서 자동차용으로 쓰이는 석유 비중은 45%에 달한다. 따라서 자동차 연료가 변화한다는 것은 에너지 산업에서 석유의 위치가 크게 바뀔 수 있음을 의미한다. 게다가 석유는 전기 생산에 사용되는 비중이 대단히 낮다. 전 세계 전기 생산의 1%를 차지할 뿐이다. 따라서 자동차가 전기를 사용해 달리게 된다는 것은 에너지 산업 지형을 완전히 뒤바꿀 만한 사건인 셈이다.

석유뿐만이 아니다. 전체 에너지 산업에서 높은 비중을 차지하는 석탄 같은 화석연료나 천연가스 또한 탈탄소와 전기화(electrification)라는 흐름에서 큰 위기에 놓일 가능성이 크다. 모빌리티 혁명과 에너지 산업의 변화는 연결되어 있다.

에너지 전기화가 불러오는
거대한 변화

전체 최종 에너지 소비 중에 전기 형태로 사용되는 비중은 꾸준히 늘어나고 있으며, 장기적으로 더욱 증가할 전망이다. 국제원자력기구(IAEA)에 따르면, 최종 에너지 소비에서 전기 형태 비중은 2019년 18.8%에서 꾸준히 상승해 2050년에는 27.2%에 이를 것으로 보인다. 사용량 기준으로는 같은 기간 중 100% 성장할 전망이다.

　최근 논의되고 있는 에너지 전환의 골자는 전환 대상인 주요 에너지 자원(석탄, 석유, 천연가스)이 전기로 대체된다는 것이다. 이처럼 전기가 핵심 에너지원으로 자리 잡는 것을 '전기화'라고 하는데, 원래는 '냉난방을 포함한 기계·시스템 동력의 최종 에너지 소비를 화석연료가 아닌 전기로 대체하는 것'을 의미한다. 과거에는 에너지 전환에서

· 전체 최종 에너지 소비 비중 예상치 ·

(단위: EJ)

구분	2019년	2030년	2040년	2050년
에너지	427.1	491.4	544.3	592.3
전기	80.4	109	135.8	161.4
전체 에너지 중 전기 비중	18.8%	22.2%	24.9%	27.2%

자료: 국제원자력기구

다양한 에너지 자원의 활용을 고려했지만 현재는 2차 에너지인 '청정에너지원이 만든 전기'로 단일화하고 있다.

이러한 변화가 어떤 의미가 있을까? 우선 발전 과정 중 연료 소모량이 줄어든다는 점에서 효율적이고 탄소 배출이 없다는 점에서 친환경적이다. 화석연료로 전기를 생산할 때는 화석연료를 열로 변환하고 이를 통해 물을 끓인다. 여기서 나온 고온·고압의 수증기가 터빈을 돌려(운동 에너지) 발전기로 전기를 얻는다. 원자력 발전 역시 우라늄이 핵분열할 때 나오는 열을 이용하는 것일 뿐, 터빈을 돌려 전기를 생산하는 방식은 같다. 이러한 발전 방식을 '기력 발전(汽力發電)'이라고 한다. 이러한 기력 발전은 발전 과정에서 에너지 형태가 변화하기 때문에 많은 연료가 소실된다.

최근 청정에너지원으로 주목받는 태양광 발전은 태양전지에 태양광이 닿으면 광전 효과(물질 표면에 빛을 비추면 자유 전자가 튀어나오는 현상)로 물리적 반응이 일어나면서 전기를 생산한다. 풍력 발전은 바람의 운동 에너지가 풍력 발전기의 터빈을 돌려서 전기를 생산하는 방식이다. 기존 화석연료를 통한 발전 방식과 비교해 중간 단계가 생략된다. 또한 전력 생산 과정이 단순하고 발전 효율이 높다.

태양광 발전에서 현재 가장 많이 쓰이는 실리콘 태양광 모듈의 발전 효율은 20% 초반 수준이다. 일정 면적에 들어오는 태양광의 20%만이 전기로 전환된다는 의미다. 하지만 태양광은 고갈할 일이 거의 없는 무한한 에너지이면서 발전 과정에서 탄소를 배출하지 않는다. 또한 지속적인 기술 발전을 통해 발전 효율이 높아지고 있다. 이를 통해 동일 면적에서 생산해내는 전기의 양이 늘어나고 전기 생산에 필요한 설치 면적이 줄어들 수 있다. 물론 화석연료 발전 기술 역시 발전하고 있다. 최신형 천연가스 복합화력발전의 경우 발전 효율이 60%에 가깝다. 하지만 유한한 자원인 천연가스와 무한한 자원인 태양광의 효율을 비교하는 것은 의미 없는 일이다.

재생 에너지를 발전 부문에 국한하지 않고 난방 등에 활용하는 섹터 커플링(sector coupling, 부문 간 연계)을 통해 에너지 효율을 극대화할 수 있다. 잉여 전력을 난방에 활용하는 P2H(Power to Heat)가 대표적인 예다. 가정에서 도시가스, 전력 등으로 나뉜 소비 에너지를 전력으로 일원화하고, 히트 펌프(heat pump)를 이용해 냉난방을 동시에 해결할 수 있다.

히트 펌프는 열을 온도가 낮은 쪽에서 높은 쪽으로 보내는 기기다. 공기를 압축하는 과정에서 발생하는 열이나 지열 에너지 등을 활용해 냉난방이나 온수를 쓸 수 있다. 더운 여름에는 실내의 열을 흡수해 실외로 방출하면서 실내를 시원하게 유지하고, 추운 겨울에는 실외의 열을 흡수하고 실내로 방출해 실내를 따뜻하게 한다. 에어컨과 보일러 역할을 동시에 할 수 있고, 대기 열·수열·지열 등을 이용해 에너지를 얻기 때문에 이산화탄소 배출이 없다. 압축기 구동에 전력이 쓰이는데, 이 역시 재생 에너지를 활용한다면 에너지 효율이 100%를 넘는다.

가스를 활용한 난방 시스템의 경우 효율이 80%인 데 반해, 재생 에너지는 중간 과정에서 손실이 없고 오히려 주변의 열을 이용하기 때문에 에너지 효율이 300%를 웃돈다는 연구결과가 있다(BMWi, 2015). 최근에는 히트 펌프를 전기차에서도 활용한다. 배터리를 활용한 전기차는 낮은 온도에서 이동 거리가 크게 떨어진다는 단점이 있다. 자동차용 히트 펌프는 인버터, 구동 모터 등 전장 부품에서 발생하는 열을 회수해 난방에 사용하는 방식인데, 우리나라 한온시스템이 2013년 세계 최초로 전장 폐열을 활용한 전기차용 고효율 히트 펌프 시스템을 상용화했다. 기존 내연기관(ICE)에서는 연료 효율이 최대 40% 내외지만 재생 에너지로 생산한 전기를 활용할 경우 80% 이상의 효율을 낼 수 있다.

화석연료 관련 산업을 영위하는 업체들은 이 과정에서 큰 어려움을 겪을 수밖에 없으며, 이는 이미 증명되고 있다. 대표적인 기업이 GE(General Electric)다. 한때 미국의 상징과도 같았던 GE는 2018년 8월 111년 만에 다우존스 지수에서 제외되었다.

발명왕 에디슨이 창업했고 경영의 구루라고 불린 잭 웰치가 전성기를 열었던 GE의 몰락에 대해 여러 분석이 있었다. 그중 하나는 재

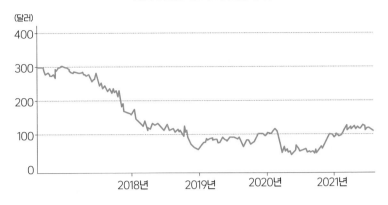

·최근 5년간 GE 주가 변동 추이·

(달러)

자료: 구글 파이낸스(Google Finance)

생 에너지로 변화하는 시장의 메가트렌드를 제대로 읽지 못했다는 것이다. GE파워(GE Power)는 과거 GE 전체 매출의 30%를 담당하는 가장 큰 사업부였지만, 2018년 GE는 이 사업부 관련 자산 230억 달러를 상각했다.

　GE의 에너지·발전 분야 계열사인 GE파워는 재생 에너지로의 변화가 가속되는 상황에서도 지속적으로 가스 발전 및 석유 사업 강화를 위한 M&A를 진행해왔다. 2015년 알스톰(Alstom) 전력 및 그리드(grid, 전력망) 사업을 97억 유로에 인수했고, 2016년에는 두산에서 가스복합화력발전의 핵심 부품인 HRSG(Hear Recovery Steam Generator, 배열회수 보일러) 사업을 3천억 원에 인수했다. 이것이 독이 된 것이다. 이후 재생 에너지 가격 하락으로 인한 가스 발전기의 경쟁력 약화는 GE를 벼랑 끝으로 내몰았다. GE 주가는 그 이후에도 추가로 하락했다.

그렇다면 기회를 얻는 기업은 어디일까? 태양광, 풍력 등 재생 에너지 발전 설비 제작 부문에서 경쟁력을 보유한 기업이 우선 기회를 얻을 것이다. 또한 전력 기기 관련 산업에서 경쟁력이 있는 업체 역시 기회가 커질 것이다. 전력을 생산하고 활용하는 데 가장 핵심적인 부품은 인버터(컨버터), 배터리, 그리고 모터다. 인버터는 직류를 교류로 바꾸는 장치고 컨버터는 그 반대다. 모터는 동력 장치다.

청소기부터 냉장고까지 우리가 쓰는 많은 전자제품에 모터와 인버터를 채용하고 있다. 에너지가 전기로 일원화된다는 것은 이러한 장치들의 사용 영역이 확대된다는 것을 의미한다. 대표적인 기업이 LG그룹이다. GM의 전기차 볼트(Bolt)에는 LG전자의 모터와 인버터, 전동 컴프레서부터 계열사인 LG에너지솔루션의 배터리까지 들어 있다. 볼트 생산비용의 56%가 LG로 흘러 들어간다.

LG전자는 가전 사업에서 쌓은 기술력을 바탕으로 전기차 주요 부품을 제작하고 있다. 이는 자동차의 동력원이 석유에서 전기로 전환되면서 가전제품 사업에서 쌓은 노하우를 적용할 기회가 커졌기 때문이다. 최근에는 세계적인 자동차 부품 업체인 마그나와 LG마그나 이파워트레인(LG Magna e-Powertrain)을 설립해 전기차 부품 사업을 더욱 강화하고 있다. 또한 LG에너지솔루션의 배터리와 자사의 태양광 패널을 통해 전기차 충전 사업 및 가정용 통합 에너지 시스템 사업까지 진출하는 등 사업 영역을 지속적으로 확대하고 있다.

이러한 자동차와 에너지 부문 변화의 크기는 어느 정도일까? 자동

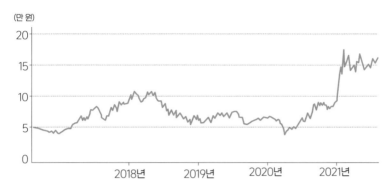

· LG전자 최근 5년 주가 ·

(만 원)

자료: 구글 파이낸스

차와 같은 내연기관을 움직이기 위해서는 휘발유가 필요한데, 석유에서 휘발유를 정제해내려면 정제 설비가 따로 필요하다. 자동차가 전기차가 된다는 것은 이러한 정제 설비가 필요하지 않고, 재생 에너지에서 나오는 전기를 다양한 곳에서 사용할 수 있다는 의미다.

따라서 에너지가 전기로 일원화되면 산업 전반에서 거대한 변화가 일어날 수 있다. 인류는 하루에 1억 배럴의 석유를 사용하고, 그중 45%가 자동차에 쓰인다. 자동차와 직접적으로 관련된 석유 시장에서 석유 가격을 1배럴당 60달러로 가정했을 때 연간 1,100조 원에 달한다. 이와 연관된 다양한 에너지 인프라 등을 감안하면 전동화로 인한 산업 변화의 크기는 실로 엄청나다. 인류 역사상 가장 큰 규모의 변화가 일어나고 있는 것이다.

태양광,
배터리를 만나 더욱 완벽해지다

지구 전체가 1시간 동안 받는 태양 에너지의 양은 세계 전체가 1년 동안 사용하는 에너지의 총량에 해당한다. 태양 에너지는 무한하고 완벽하게 친환경적인 에너지다. 또한 어디서나 존재하는 자원인 만큼 전 세계적인 에너지 부족과 기후변화 문제를 해결하는 동시에 에너지로 인한 비극을 막아줄 수 있다는 점에서 평화적인 에너지라고 할 수 있다.

전 세계 신규 태양전지 설치량은 2020년 143GW에 이르렀다. 이것이 어느 정도 수준일까? 최신 한국형 원전인 APR1400의 발전 용량은 1.4GW다. 코로나19라는 최악의 위기에도 전 세계에 최신형 원전 100기 수준의 태양전지가 설치된 것이다. 2021년도 전년 대비

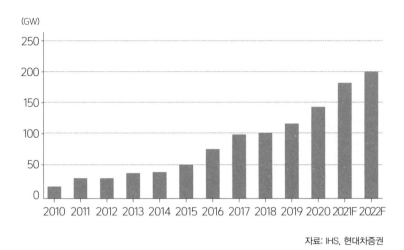

· 전 세계 신규 태양전지 설치량 및 전망 ·

(GW)

자료: IHS, 현대차증권

26% 늘어난 180GW의 태양전지가 설치될 것으로 전망되고, 각종 기관의 전망치를 보면 2022년에는 200GW 시대를 열 가능성이 커 보인다.

영국의 석유회사 BP는 세계에서 가장 방대한 양의 에너지 관련 데 이터를 집대성한 〈세계 에너지 통계 리뷰(Statistical Review Of World Energy)〉를 매년 펴낸다. 과거 이 보고서는 화석연료에 집중해왔으 나, 수년 전부터는 배터리에 관련한 광물(코발트, 니켈)과 재생 에너지 에 대한 데이터를 강화하기 시작했다. 최신인 2020년 보고서에 따 르면 전 세계 태양광 발전 비중은 2020년 기준 3.2%다. 발전 비중 이 높다고 볼 수는 없지만 증가 속도에 주목할 만하다. 전체 전력 생 산에서 태양광 발전 증가세는 가파르다.

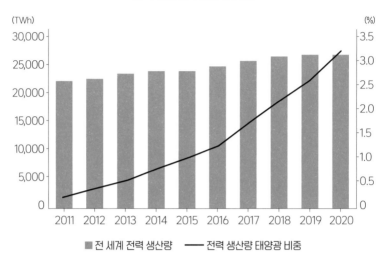

· 전력 생산량과 태양광 비중 ·

(TWh) / (%)

■ 전 세계 전력 생산량 ── 전력 생산량 태양광 비중

자료: BP

국제에너지기구(IEA)는 향후 전 세계 전력 생산 증가의 절반 이상을 태양광이 담당하리라고 전망했다. 또한 지속 가능한 개발을 가정한 공격적인 시나리오에 따르면 2040년에는 전 세계 전력의 20% 이상을 태양광이 생산할 것으로 예상된다. 현재 발표된 정책만을 바탕으로 한 시나리오에서도 13% 수준을 차지할 것으로 보인다.

국제재생에너지기구(IRENA)에 따르면 2020년 1년 동안 설치된 전 세계 재생 에너지 발전 설비(수력, 풍력, 태양광, 바이오에너지, 지열)의 설치량은 총 261GW다. 이는 비재생 에너지(non-renewable) 발전 설비 설치량 대비 약 5배 수준이다. 이 중 태양광 발전 설비가 가장 많이 설치된 것으로 파악된다. 이제는 발전 설비를 건설할 때 석탄, 가

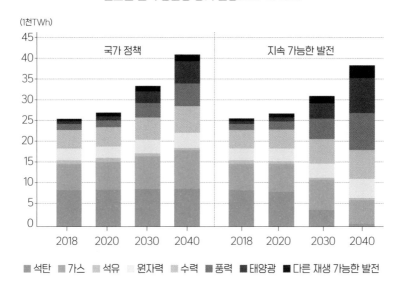

· 연료별 전력 생산량 장기 전망(2018~2040년) ·

(1천TWh)

국가 정책   지속 가능한 발전

■ 석탄 ■ 가스 ■ 석유 ■ 원자력 ■ 수력 ■ 풍력 ■ 태양광 ■ 다른 재생 가능한 발전

자료: 국제에너지기구

· 재생 에너지 발전 설비 증설 추이 ·

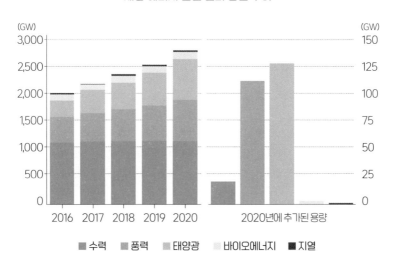

(GW)   (GW)

2020년에 추가된 용량

■ 수력 ■ 풍력 ■ 태양광 ■ 바이오에너지 ■ 지열

자료: 국제재생에너지기구

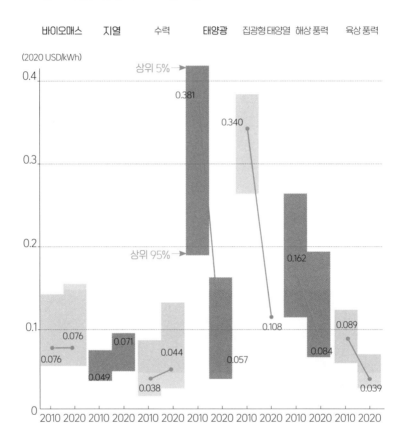

· 전 세계 신규 운전 유틸리티급 재생 에너지 발전별 LCOE(2010~2020년) ·

바이오매스　　지열　　수력　　태양광　집광형 태양열　해상 풍력　육상 풍력

(2020 USD/kWh)

상위 5%

0.381

0.340

상위 95%

0.162

0.108

0.076
0.076
0.071
0.049
0.044
0.038
0.057
0.084
0.089
0.039

2010 2020 2010 2020 2010 2020 2010 2020 2010 2020 2010 2020 2010 2020

이 데이터는 시운전 연도 데이터이며, 굵은 선은 각 연도 개별 프로젝트에서 파생된 전 세계 가중평균 LCOE다. 프로젝트 수준의 LCOE는 실질가중평균자본비용(WACC)을 활용했다. 2010년 OECD 국가와 중국은 7.5%, 2020년에는 5%를 적용했으며 나머지 국가는 2010년 10%에서 2020년 7.5%로 떨어지는 것으로 적용했다. 가운데 밴드는 화석연료 전력 생산비용 범위이며, 기술별·연도별 밴드는 재생 에너지 프로젝트 원가가 낮은 순으로 상위 5%와 95% 수준을 나타낸다.

자료: 국제재생에너지기구

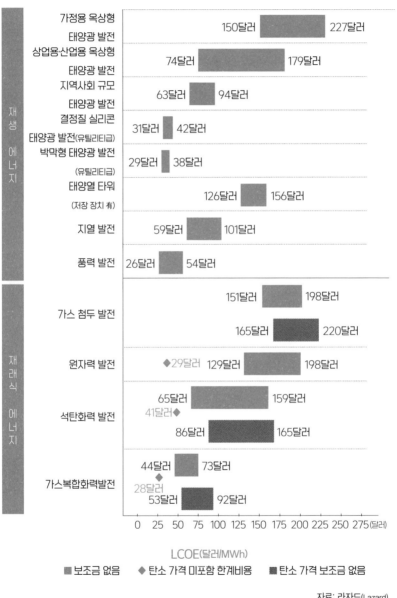

· 탄소 가격 민감도에 따른 LCOE 비교 ·

재생 에너지

가정용 옥상형 태양광 발전: 150달러 ~ 227달러

상업용·산업용 옥상형 태양광 발전: 74달러 ~ 179달러

지역사회 규모 태양광 발전: 63달러 ~ 94달러

결정질 실리콘 태양광 발전(유틸리티급): 31달러 ~ 42달러

박막형 태양광 발전(유틸리티급): 29달러 ~ 38달러

태양열 타워(저장 장치 有): 126달러 ~ 156달러

지열 발전: 59달러 ~ 101달러

풍력 발전: 26달러 ~ 54달러

재래식 에너지

가스 첨두 발전: 151달러 ~ 198달러 / 165달러 ~ 220달러

원자력 발전: ◆29달러 / 129달러 ~ 198달러

석탄화력 발전: 65달러 ~ 159달러 / 41달러◆ / 86달러 ~ 165달러

가스복합화력발전: 44달러 ~ 73달러 / ◆28달러 / 53달러 ~ 92달러

0 25 50 75 100 125 150 175 200 225 250 275(달러)

LCOE(달러/MWh)

■ 보조금 없음   ◆ 탄소 가격 미포함 한계비용   ■ 탄소 가격 보조금 없음

자료: 라자드(Lazard)

스 등 화석연료를 원료로 하는 설비를 건설하는 것이 매우 드문 경우가 되었다.

태양광 발전의 가파른 성장은 결국 태양광 발전 설비가 저렴해졌기에 가능했다. 현재 태양전지의 90% 이상이 결정질 실리콘 태양전지다. 이 태양전지가 고안된 이후 지속적인 기술 발전과 원가 혁신으로 균등화 발전단가(LCOE)*가 대폭 하락했다. 국제재생에너지기구에 따르면 전 세계 유틸리티(발전, 송배전, 전력 판매를 하는 전력 산업 및 가스 산업) 규모 태양광 발전소의 가중평균 발전원가는 2010년 1kWh당 0.381달러에서 2020년 0.057달러로 눈에 띄게 하락했다. 모든 재생에너지를 통틀어 가장 큰 폭의 가격 하락이 이루어진 발전 방식이 태양광 발전이다.

이미 태양광은 많은 지역에서 화석연료인 석탄, 가스 대비 발전 경제성이 크게 높아졌다. 금융 자문 및 자산 관리 회사인 라자드에 따르면 유틸리티급 태양광 발전의 균등화 발전단가는 이미 가스복합화력발전 및 석탄화력 발전의 발전단가 대비 훨씬 저렴해졌다. 특히 화석연료의 경우 탄소 가격을 포함할 경우 원가가 더욱 높아진다. 풍력역시 이미 화석연료 대비 높은 원가 경쟁력을 갖췄다. 원전의 원가 경제성은 가장 비용이 높은 가스와 크게 다르지 않다.

---

* LCOE(Levelized Cost Of Energy): 발전기 수명 기간 전체에 걸친 평균적인 발전 원가를 의미한다. 발전소에서 생산된 전력 단위(kWh)당 평균 실질 발전비용, 자본비용, 운영 유지비용, 연료비용, 탄소비용, 해체비용, 이자율, 발전량 등을 고려해 산정한다.

· 캘리포니아의 덕 커브 ·

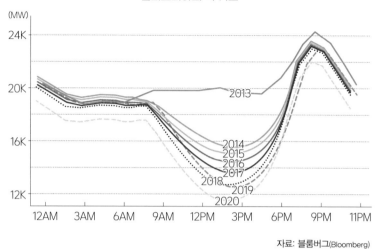

자료: 블룸버그(Bloomberg)

이처럼 빠르게 성장하는 태양광 발전이 넘어야 할 가장 큰 산은 간헐성이다. 태양광 발전은 일조량에 영향을 받을 수밖에 없고 일몰 이후에는 전력을 전혀 생산할 수 없다. 이처럼 일정하지 않은 발전량으로 기존 전력 시스템의 안정성이 위협받을 수 있다. 한국전력과 같이 전력계통을 운영하는 전력망 운용사 입장에서 일반적으로 전력 수요는 하루 2번, 오전 9시와 오후 8시 전후에 소폭 상승하는데, 낙타 혹과 비슷한 모양을 띤다고 해서 이를 '카멜 커브(camel curve)'라고 부른다.

하지만 태양광 발전 보급이 늘어나면서 일몰 이후 태양광 발전 설비 가동률이 떨어졌을 때 전력 수요가 가파르게 증가하고, 일조량이 풍부한 시점에는 전력 수요가 급감하는 현상이 발생하고 있다. 전

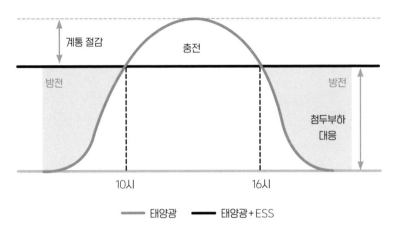

· ESS의 피크 셰이빙 ·

계통 절감

충전

방전

방전

첨두부하
대응

10시

16시

━━━ 태양광   ━━━ 태양광+ESS

력 수요가 크게 감소하는 시점에 그래프가 오리의 배 모양을 만들고, 수요가 올라오는 시점이 오리의 머리 모양 같다고 해 이를 '덕 커브 (duck curve)'라고 부른다. 캘리포니아와 같이 태양광 발전 설비 보급이 크게 늘어난 지역에서 나타나는 현상이다. 이러한 지역에서는 태양광 발전량이 일출 이후 집중되면서 전력 생산이 크게 늘어난다.

덕 커브 현상은 이미 우리나라에서도 나타나기 시작했다. 〈한겨레신문〉에 따르면 2021년 7월 21일 전력거래소에 잡힌 최대 전력 사용 시간은 오후 5시였다. 7월 들어 14번이나 이러한 현상이 발생했고 8시에 최고점을 찍은 것도 5번이나 된다.

이러한 덕 커브가 중요한 이유는 전력망 운용사 입장에서 전력망에 전력을 공급하는 비태양광 발전기에 주는 부담 수준이 대단히 파괴적이기 때문이다. 특히 전력 수요가 증가하는 시점의 기울기가 태양광 발전기의 가동 증가와 함께 더욱 가팔라지는데, 첨두부하(일시적으로 발생하는 최대 부하)를 담당하는 천연가스 발전기가 이 시간에 재빠르게 가동하면서 전력을 공급해야 한다.

이와 같은 비효율적인 전력망 운용은 경제성이 떨어진다. 대기 중인 발전기에 일정 부분 비용(CP; Capacity Price)을 보전해줘야 하고, 전력 피크 3~4시간을 위해 대형 화석연료 발전소를 유지해야 하기 때문이다. 이는 필연적으로 태양광 발전의 가치를 하락시키는 요인이다. 또한 유사시 전력망에 무리를 일으켜 정전을 유발할 수도 있다. 이에 따라 태양광 발전량이 과도할 경우 태양광 발전기를 송전망에서 분리해야 한다. 이를 '출력 제약(curtailment)'이라고 부른다.

이러한 재생 에너지 간헐성의 해결책으로 에너지 저장 장치(ESS; Energy Storage System)가 크게 주목받고 있다. ESS는 재생 에너지의 품질을 안정화하는 주파수 조정(frequency regulation) 역할도 하기 때문에 재생 에너지와 시너지가 대단히 크다. 또한 ESS는 태양광 발전이 과다할 때 전력을 저장했다가 발전량이 부족할 때 전력을 공급해주는 역할을 한다. 이러한 역할을 피크 셰이빙(peak shaving)이라고 부른다. 이때 사용되는 ESS는 가정용 수 kWh부터 전력망용 수 MW까지 다양하다. 대략 4시간 정도 방전하면서 전력을 담당한다. 향후 재생 에너지 비중이 커지면 더욱 장기간의 에너지 대량 저장이 필요할 것으로 보이는데, 이 경우 수소가 유력한 대안이 될 수 있다. 이 부분은 향후 다시 논의하도록 하겠다.

전력 품질 유지를 위해서는 주파수를 적정 수준으로 유지할 필요가 있다. 전력 초과 공급이 발생하면 주파수가 규정 범위 이상으로 올라가고, 반대라면 주파수가 하락하는 현상이 일어난다. 기존에는 주로 발전기에서 예비 전력을 확보해 출력을 조절했지만, ESS를 활용하면 주파수 초과 시 ESS를 충전하고, 미달 시 ESS를 방전해 발전량 손실 없이 주파수 관리가 가능해진다. 예를 들어 우리나라 전력은 60Hz의 교류로 공급되는데, 전력 공급 계통에서 수요와 공급 불일치로 생기는 주파수 변화를 표준 주파수로 맞춰주는 데 ESS가 사용된다.

또한 예비 전력으로서 ESS의 역할도 점점 더 중요해지고 있다. 2021년 2월 미국 텍사스주에 불어닥친 한파는 전력 시스템마저 얼어붙게 했다. 텍사스주의 2월 평균 기온은 오스틴(Austin) 기준 영상 7.2~18.3℃를 오가고, 텍사스 내 상대적으로 기온이 낮은 지역도 영하권으로 잘 떨어지지 않는 것으로 알려져 있다. 하지만 2021년 2월 텍사스 주요 지역의 기온이 하루 사이에 영상 2℃에서 영하 20℃ 이하로 떨어지면서 많은 인프라가 가동을 멈췄고, 특히 광범위한 지역에서 정전이 발생했다. 이 때문에 추위 속에서 안타까운 인명사고가 발생하기도 했다.

이러한 최악의 상황에서 테슬라의 가정용 ESS인 파워월(Power wall)을 설치한 가정만이 홀로 밝게 빛을 냈다. 지속되는 자연재해와 재생 에너지의 경제성 확보로, 예비 전력으로서 ESS 수요도 더욱 빠른 성장을 보이고 있다. 테슬라의 ESS 판매가 꾸준히 고성장하고 있는 것을 보면, 최근 캘리포니아의 지속된 정전과 텍사스의 한파 등 기후 위기가 ESS 판매를 더욱 재촉하는 요인일지도 모르겠다.

기후변화가 더욱 가속되면서 우리의 삶도 크게 변화하고 있다. 각 국이 재생 에너지 전환을 강화하는 가운데, 재생 에너지와 배터리의 결합은 탄소 배출이 없는 청정에너지를 무한히 생산할 수 있는 잠재력을 지녔다. 에너지 체계를 송두리째 바꿀 수 있다는 점에서 시간이 갈수록 그 중요성이 커질 것이다.

새로운 변화를 모색하는
수소 경제의 새벽

전 세계가 수소의 가능성을 주목하고 있다. 수소 경제는 1970년 GM 기술센터 강연에서 전기화학자인 존 보크리스 교수가 최초로 사용한 용어로 알려져 있다. 공식적으로는 1975년 출간된 그의 저서 『Energy: The Solar Hydrogen Alternative』에서 언급되었다. 2002년에는 미국의 미래학자 제레미 리프킨이 자신의 저서 『수소 혁명』을 통해 무공해 무한 에너지인 수소를 중심으로 한 경제 체제로 전환된 미래 사회라는 의미에서 '수소 경제'를 주창했다. 수소 경제는 미국 조지 부시 행정부의 '수소 연료 이니셔티브'를 통해 대중에 확산되었다.

수소를 주목해야 하는 가장 큰 이유는 지역적 편중이 없는 보편적인 자원이며, 탄화수소 연소 과정에서 발생하는 온실가스 배출 문제에서 자유롭기 때문이다. 수소는 산소와 화학 반응을 통해 최종 에너지인 전기와 열을 생산한다. 부산물은 단지 물뿐이다. 활용하는 데 필요한 기술 수준은 높지만, 지정학적 리스크에서 상대적으로 자유롭고, 친환경적·영구적으로 쓸 수 있는 자원이다.

시장에서는 수소의 친환경성에 주목하고 있지만, 이를 넘어서 지역적 편중이 적은 에너지라는 데 주목할 경우 수소의 파급력이 상당히 커질 수 있다. 이 때문에 한국, 일본, 서유럽과 같은 에너지 자급률이 낮은 국가뿐 아니라 중동, 호주와 같이 탄화수소 자원이 풍부한 국가 역시 수소 사업을 육성하고자 하는 것이다. 자급률이 떨어지는 국가는 자급률을 높이기 위해서, 화석연료 생산량이 많은 국가는 에너지 시장에서 주도권을 잃지 않기 위해서다.

향후 설명할 에너지 운반체(energy carrier)로서의 특성과 어디든 존재한다는 점을 주목할 필요가 있다. 현재 탄화수소 경제는 일부 지역에 편중된 자원에 의존하기 때문에 에너지 안보와 지정학적 갈등의 원인이 된다. 어디든 존재한다는 점은 이러한 이해관계를 완전히 재편할 만한 잠재력을 지녔다.

최근 수소 경제는 재생 에너지를 활용해 수소를 생산하고, 에너지 수요와 공급 전 영역에서 에너지 운반체로 수소를 사용하는 경제 체제로 인식되고 있다. 수소는 에너지원이 아닌 에너지 운반체라는 점을 주목해야 한다. 수소 관련 산업에서는 재생 에너지에서 생산된 잉여 전력을 저장·운반하는 P2G(Power to Gas) 형태의 수소 활용이 핵심이 되고 있다. 이를 통해 재생 에너지 보급률이 높아지면 출력 제약 및 계통 효율성 저하 문제를 해결해 재생 에너지 보급을 더욱 활성화할 수 있다. 앞서 설명한 ESS 대비 좀 더 대용량의 에너지 저장이 가능하다.

원소 기호 1번인 수소는 우주 물질의 75%를 차지할 만큼 풍부하지만, 지구상에는 물이나 탄화수소 등 상대적으로 무거운 산소나 탄소 등과 화합한 형태로만 존재한다. 따라서 수소를 생산하기 위해서는 이러한 화합물에서 수소를 분리해야 하며, 이때 다른 에너지(예를 들어 재생 에너지로 생산된 전기)를 연료로 투입하기 때문에 수소는 자연 상태의 1차 에너지가 아니다. 수소는 가장 가벼운 기체이자 끓는점이 매우 낮아 저장하기가 무척 까다롭다. 따라서 수소를 저장하거나 옮길 때는 액화시키거나 수소 저장용 금속에 흡수시키는 방식 등을 활용한다. 즉 수소는 구리 전선이나 배터리처럼 다른 매개체로 전환되어 에너지를 전달하게 된다.

수소를 통해 전기나 열 등 최종 에너지를 대규모로 저장해 장거리로 운송할 수 있다. 따라서 수소 경제가 발전하면 에너지 교역 구조가 달라질 것이다. 예를 들어 신재생 에너지 잠재력이 높은 호주 등지에서 태양광과 풍력 등을 활용해 탄소 무배출(CO_2-free) 수소를 대규모로 생산해 액화시킨 후 선박으로 해외에 수출한다고 가정해보자. 이 경우 수입국은 수소를 다시 전기 에너지로 전환시켜 활용하는데, 결과적으로 수출국인 호주는 풍부한 재생 에너지를 활용해 생산한 전기 에너지를 수소 형태로 수출하는 것이나 다름없다. 호주 정부

구분	탄소 경제	수소 경제
에너지 패러다임	탄소 자원(석유, 석탄, 가스) 중심 수입 의존도(99%)	탈탄소화 수소 중심 국내 생산으로 에너지 자립 기여
에너지 공급	대규모 투자 필요한 중앙집중형 에너지 수급	소규모 투자로 가능한 분산형 에너지 수급
	입지적 제약이 크고 주민 수용성이 낮음	입지적 제약이 적고 주민 수용성이 높음
경쟁 양상	자원 개발 및 에너지 확보 경쟁	기술 경쟁력 확보 및 규모의 경제 경쟁
환경성	온실가스, 대기오염물질 배출 * 부산물: 이산화탄소, 질소산화물, 황산화물	온실가스 배출이 적어 친환경적 * 부산물: 물

자료: 산업통상자원부, 현대차증권

에서 이를 '햇빛 수출'이라고 표현하는 이유다. 다만 수소를 운반하고 저장하는 데 드는 비용은 높은 반면, 부피당 저장 용량이 작은 것이 한계로 꼽힌다. 이 때문에 경제적이며 대용량 저장이 가능한 암모니아 형태의 수송 방식 등 다양한 방법이 검토되고 있다.

수소 경제가 활성화되면 전기 생산이나 동력기관 기동에 필요한 석유 또는 가스의 생산지인 중동 중심 에너지 산업 구조가 재생 에너지 잠재력이 높은 지역을 중심으로 전환될 것이다. 에너지 빈국이 상황에 따라 에너지 수출국이 될 수도 있고, 궁극적으로는 우리나라와 같은 에너지 빈국도 에너지 자급이 가능해질 수 있다.

현재 수소 경제를 강하게 추진하고 있는 일본, 독일, 한국 등이 모두 에너지 자급률이 낮은 국가다. 중국의 에너지 자급률은 높은 편이나 꾸준히 낮아지고 있으며, 향후 석탄화력 발전에 제약이 심해질 경우 자급률은 더 떨어질 수 있다. 이러한 에너지 교역 구조의 변화는 필연적으로 국제 관계와 심지어 안보까지 영향을 미치게 된다. 따라서 친환경성에만 집중해 수소 경제를 이해하면 그 파급력을 과소평가할 위험이 있다.

수소 경제에 활용되는 수소는 생산 과정에서 이산화탄소를 발생시키는 정도에 따라 회색 수소(gray hydrogen), 저탄소 수소(low-carbon hydrogen 또는 blue hydrogen), 녹색 수소(green hydrogen)로 나뉜다. 현재 전 세계 수소 생산량의 48~50%는 천연가스 수증기 개질, 30%는 정유 및 화학 부문의 부생 수소, 18%는 석탄가스화(주로 중국) 등 화석연료에서 비롯된다. 나머지 2~4% 정도는 염소 추출 공정에서 생기는 부산물을 물로 전기분해(수전해)해 수소를 생산하는 방법이 차지하고 있다. 따라서 아직 회색 수소 비중이 크다고 볼 수 있다.

당분간은 회색 수소나 저탄소 수소가 수소 수요를 충당하겠지만, 궁극적으로는 녹색 수소로의 전환이 이루어질 전망이다. 완벽하게 탄소를 배출하지 않기 때문이다. 기존의 메탄(천연가스)을 고온의 수증기와 촉매분해해 수소를 생산할 때는 수소 4개 분자당 1개의 이산화탄소가 발생한다. 수소 1개 분자 질량 대비 이산화탄소 질량이 22배 무겁다는 것을 감안하면, 수소 1kg 생산 과정에서 이론적으로 이산화탄소 5.5kg이 발생하는 셈이다. 다만 효율이 100%가 아니기 때문에 현재 높아진 75%의 발생 효율을 가정한다고 하더라도 이산

구분	정의	수소 생산 방법	장점	단점
회색 수소	화석연료에서 추출한 수소	• 천연가스 수증기개질(SMR) • 석탄가스화	이미 사용되는 기술로 낮은 생산 단가	고탄소 수소
저탄소 수소	회색 수소 기반 추출하되 CCS (탄소포집저장기술)를 통해 이산화탄소 포집·제거	• 천연가스 수증기개질(SMR) • 석탄가스화	CCS 사용 시 이산화탄소 생산 중립	• 화석연료에 의존 • CCS 비용 및 제약
녹색 수소	이산화탄소 무배출의 수소	• 재생 에너지 (태양광, 풍력 등) 이용해 물 전기분해 • 암모니아 분해 • 생물학적 수소 활용 등	• 탄소 무배출 • 재생 에너지 • 충분히 갖출 경우 전력생산비용 '제로'	재생 에너지 인프라 필요

자료: 현대차증권

화탄소 8.6kg이 발생해 친환경성에서 수소가 갖는 의미가 퇴색된다. 향후 재생 에너지를 이용한 수소 확보가 중요한 이유다.

재생 에너지 발전단가가 꾸준히 하락하고 보급 속도가 가속되면서 앞서 살펴보았던 잉여 전력이 이슈로 떠올랐다. 잉여 전력으로 물을 전기분해해 수소를 생산하면 실질적으로 수소 생산에 따른 변동비가 거의 없다. 따라서 태양광과 풍력을 활용한 재생 에너지 인프라가 확대될수록 수소 생산 단가를 크게 낮출 수 있다.

따라서 궁극적으로는 재생 에너지를 활용한 수소 생산이 가장 경제적인 방법이 될 것이며, 재생 에너지는 수소를 통해 한계를 극복할 수 있을 것이다. 이렇게 생산된 수소를 활용하는 방법은 다양하다. 가장 대표적으로는 수소연료전지를 활용해 전기를 생산하는 것이다. 화학 원재료나 합성 연료 등으로 생산된 수소를 이산화탄소와 다시 결합해 활용하는 다양한 프로젝트가 진행되고 있다.

우리나라는 2019년 1월 수소 경제 로드맵을 마련하고 2021년 2월 5일 세계 최초로 제정된 수소법(수소경제 육성 및 수소 안전관리에 관한 법률)을 시행하는 등 수소 경제에서 선도적인 위치를 차지하기 위해 발 빠르게 움직이고 있다. 또한 2040년까지 국내에 연간 526만 톤의 수소를 공급하고, 현재 1kg당 8,800원 수준인 수소 충전비용을 2040년 기준 1kg당 3천 원까지 낮추겠다는 목표를 세우고 적극적인 투자에 나서는 중이다. 현대차그룹, 롯데그룹, 현대중공업그룹, 한화그룹, 두산그룹 등 국내 대기업의 적극적인 투자도 이어지고 있다.

EU에서는 2021년 7월 '핏포55(Fit for 55)' 정책을 발표하며 2030년까지 온실가스 배출량을 최소 55% 감축하겠다는 목표를 내세웠다. 핏포55에는 2035년부터는 내연기관 출시를 금지하겠다는 내용도 포함되어 있다. 기존 전기차뿐만 아니라 수소연료전지차 인프라 확대를 위한 투자로서 2030년까지 핵심 연결망 지역에 150km 마다 수소차 충전소 설치를 의무화하는 내용도 담겨 있다.

EU는 이미 유럽청정수소연합(ECH2A; European Clean Hydrogen Alliance)을 통해 2024년까지 50억~90억 유로, 2030년까지는 260억~440억 유로를 들여 물을 수소로 전기분해하는 사업에 필요한 투자

기금을 조성한다는 계획을 밝혔다. 장기적으로 수소 에너지가 탄소 중립 달성에서 탈탄소의 부족한 부분을 대체할 것으로 기대된다. 저탄소 수소의 역할도 인정되나 많은 국가에서 청정수소, 즉 이산화탄소 배출이 없는 녹색 수소로의 전환을 목표로 하고 있다. EU는 앞으로 유럽청정수소연합과 EU 차원의 투자 프로그램을 활용해 수소 경제 구축에 투자를 촉진할 계획이다.

Chapter 3

성장의 기회 ①
미래 에너지 산업, 디지털화가 핵심

재생 에너지가 지배할 미래 에너지 사업은 화석연료가 주류인 현재와 완전히 달라질 것이다. 재생 에너지는 빅 데이터를 활용해 디지털화가 진행되고, 많은 건물이 에너지 소비만 맡던 제한적인 역할에서 벗어나 생산까지 담당하는 에너지 프로슈머로 거듭날 것이다. 이미 태양광 발전은 그리드 패리티를 달성하고 있으며, 작금의 화석연료 가격 급등에 따른 전기 요금 상승으로 변화는 더욱 가속될 것이다. 그 중심에 태양광과 배터리가 있다. 특히 차세대 태양전지인 페로브스카이트 태양전지의 상용화는 완전한 게임 체인저가 될 전망이다.

기후변화가 몰고 온
전력 시장의 변화에 주목하라

한국수출입은행 2018년 4분기 태양광 산업 동향에서는 태양광 시스템 설치 가격이 그리드 패리티 도달을 위한 기준인 1W당 1달러를 밑돈다는 의견이 등장했다. 그리드 패리티의 의미는 두 가지다. 발전소 입장에서는 화석연료 발전소의 원가보다 재생 에너지의 원가가 낮아졌다는 의미고, 가정용 태양광 발전 입장에서는 가정에서 한국전력과 같은 유틸리티에서 전기를 사는 것보다 지붕에 태양광 발전기를 설치해서 사용하는 것이 더 저렴해졌다는 뜻이다.

태양광 발전 원가 측면에서는 어떻게 이해할 수 있을까? 앞서 우리는 태양광 발전이 이미 화석연료 발전 대비 균등화 발전단가(LCOE) 측면에서 경제성을 갖췄음을 살펴보았다. 그렇다면 가정용은 어떨

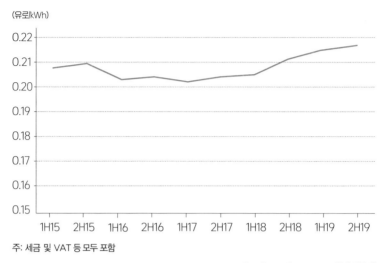

· 유럽 가정용 전기 요금 상승 추이 ·

(유로/kWh)

0.22
0.21
0.20
0.19
0.18
0.17
0.16
0.15

1H15 2H15 1H16 2H16 1H17 2H17 1H18 2H18 1H19 2H19

주: 세금 및 VAT 등 모두 포함

자료: 유로스타트(Eurostat), 현대차증권

까? 주로 대규모 발전소를 짓는 태양광 발전 사업(solar farm) 대비 가정용 태양광 설비 원가는 높을 수밖에 없다. 라자드에 의하면 옥상 설치형(rooftop) 태양광 설비 설치 원가는 1MWh당 150~227달러로, 원화로 환산하면 1kWh당 약 170~261원 수준이다. 한국의 가정용 전기 요금이 1kWh당 100원임을 감안하면 꽤 비싸다. 사실 한국이 너무 싸다고 보는 것이 옳다.

물론 미국과 유럽의 경우 우리나라보다 대체로 높은 전기 요금을 부과한다. 유럽의 2019년 평균 가정용 전기 요금은 1kWh당 0.21유로로 원화로 환산하면 약 287원에 달한다. 즉 전기 요금이 비싼 곳에서는 이미 옥상 설치형 태양광 발전 설비를 설치하는 것이 전력회사에서 전기를 구매하는 것보다 싸다. 게다가 전기 요금이 꾸준히 오르고 있다는 점에서, 태양광 발전 원가가 낮아지는 속도와 함께 그리드 패리티가 더욱 앞당겨지고 있다.

미국의 상황은 더욱 심각하다. 자연재해와 오래된 전력 인프라로 전기 요금이 꾸준히 상승하고 있고 전력 시스템의 안전성은 더욱 낮아지고 있다. 2017년과 2018년 북부 캘리포니아에서 일어난 산불은 지역 내 최대 전기·가스 공급사업자인 PG&E의 관리 시설에서 발생한 것으로 결론이 났다. 2017년 250건의 산불이 동시다발적으로 발생해 44명이 사망하고 최소 192명이 다쳤으며 약 130억 달러의 손해를 일으킨 것으로 집계되었다.

또한 2018년 끊어진 송전선으로 발생한 산불로 사망자 86명, 165억 달러 수준의 피해가 발생한 것으로 추정된다. 게다가 2015년과 2016년 캘리포니아 산불 역시 전력회사의 책임이 인정되어 PG&E는 2019년 말 135억 달러(16조 원 수준)의 배상금을 지불하기로 합의했다. PG&E는 앞선 2019년 1월에 거액의 배상금 지불을 약속하며 파산을 신청했다.

이렇게 전력회사가 파산할 경우 가장 큰 피해를 받는 것은 소비자다. 전기를 공급받거나 안정적인 전력 시스템을 보장받을 수 없게 된다. 이처럼 전력회사가 급격히 악화할 경우 야기될 만한 피해를 막고자 2018년 캘리포니아주 주지사는 산불 발생 시 전력 공급 회사의 책임 범위를 제한하고 손해 배상금 부담을 일정 선에서 전력 소비자에게 전가하는 것을 허용했다. 2019년 이후 발생한 화재에서 규제 당

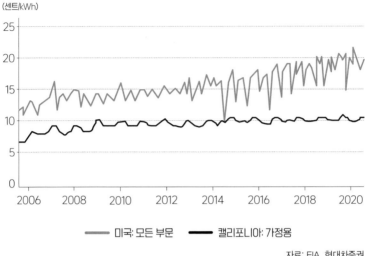

· 캘리포니아 전기 요금 상승 추이 ·

(센트/kWh)

범례: 미국: 모든 부문 ■ 캘리포니아: 가정용

자료: EIA, 현대차증권

국이 회사의 중대 과실이 아니라고 판단한 때만 전력회사는 화재와 관련한 비용을 고객에게 전가할 수 있다. 이와 함께 대형 화재와 이상 기온으로 인한 폭염, 가스 가격 상승 등으로 전기 요금 상승이 더욱 가속되고 있다.

대형 전력 설비와 장거리 송전망을 운영하는 중앙집중식 전력계통은 국토가 넓을수록 장거리 송전망 관리가 어려울 뿐 아니라 자연재해로 인한 송전선 피해 등으로 대형 정전으로 번질 수 있다는 단점이 있다. 2020년 폭염으로 인한 전력 수요 급증과 산불로 인한 전력 공급 차질이 발생하자 캘리포니아주는 2001년 에너지 위기 이후 처음으로 순환 정전 조치를 시행했다. 또한 텍사스는 2021년 정전 사태 이후 전기 요금이 한 달에 최대 2천만 원에 육박했고, 기습 한파로 전력 공급에 차질이 빚어지기도 했다. 이에 따라 가정용 태양광 발전과 ESS 시스템에 대한 관심은 더욱 높아질 것으로 보인다.

가정용 전력 설비 원가 하락과 전기 요금 상승으로 인해 전력 체계는 커다란 변화를 맞을 것이다. 여기서 우리가 주목해야 할 점은 BTM 시장의 성장이다. 전력 시스템은 크게 FTM(Front of The Meter) 시스템과 BTM(Behind The Meter) 시스템으로 구분할 수 있다. 발전소부터 발전용 ESS, 송배전망을 거쳐 전력량계(electric meter) 앞에 도달하는 전력 시스템을 미터기 앞, 즉 FTM이라고 일컫는다. 우리에게 흔한 전력 시스템이다. 한편 BTM은 전력량계 뒤에서 일어나는 전력 시스템, 즉 가정용·상업용 자가발전 시스템을 지칭한다.

ESS 역시 유틸리티급 태양광 및 풍력 발전소에 쓰이는 것은 FTM, 가정용·상업용으로 사용될 경우 BTM으로 구분된다. BTM 시스템에서 ESS는 주로 가정용 태양광 발전과 연계해 성장할 것이다. 또한 앞으로 설명할 페로브스카이트 태양전지가 양산되면 태양광 ESS 통합 시스템이 한층 가파르게 성장할 것이며, 이는 전력 시장 구조를 크게 바꿔놓을 것이다. 머지않은 3~5년 뒤의 이야기다.

VPP와
BTM 전력 시장의 변화

세계적 미래학자 제레미 리프킨은 2020년 11월 〈매일경제〉와의 인터뷰에서 흥미로운 견해를 밝혔다. 다음은 MK MBA 2020년 11월 26일 기사에서 발췌한 내용이다.

> 3차 산업혁명 기술들은 결국 전 세계에 '센서(sensor)'를 부착하는 것과 같다. 그리고 센서들은 실시간으로 정보를 수집하고 앞서 말한 세 가지 기술 부문에 전해지고 있다. 결국 한국의 모든 건물은 기후사고에 '회복 탄력성'을 높이기 위해 새로운 부품들이 장착될 것이다. 그리고 모든 건물은 노드(node)가 될 것이다. 주거용 건물이든 산업용 건물이든 상관없이 말이다. 해당 노드에는 데이터센터가 마련될 것이다. 물론 중앙 데이

터는 여전히 존재하겠지만 사업체와 집들은 각자 데이터센터가 필요하다. 즉 특정한 건물만이 아닌 모든 빌딩이 전기를 생산하고 저장할 수 있는 사이트가 될 것이다. 이전 산업혁명에서는 플랫폼들이 중앙화됐다면, 3차 산업혁명에서는 모든 사람이 인프라 그 자체의 일부가 된다. 사람들이 직접 전기를 생산해 타인과 공유할 수 있기 때문에 개인이 인프라의 일부가 되는 것이다. 이는 현재 실시간으로 일어나고 있다. 유럽, 중국, 미국 등에서 해당 현상이 펼쳐지고 있다. 안타깝게도 한국은 아직 이 수준에 도달하지 못했다.

자료: 〈MK MBA(2020년 11월 26일)〉,
'바이든 '기후변화' 정책…향후 20년간 16조 달러 쏟아 美 인프라 완전히 바꾼다'

건물에 센서가 달리고 데이터 센터가 마련되며 모든 빌딩이 전기를 생산·저장하는 사이트가 된다는 것은 어떤 의미일까? 이것은 VPP(Virtual Power Plant)를 언급한 것으로 풀이된다. VPP는 다양한 유형의 분산형 에너지 자원(DER)*을 ICT 기술로 통합해 운영함으로써 중앙 급전 발전기와 같은 역할을 하는 기술 또는 사업으로, 흔히 '가상발전소'라고 일컫는다. 즉 전력 공급자와 소비자가 실시간 정보 교환을 통해 에너지 효율을 최적화하는 전력망에 클라우드 기반 소

---

* 분산형 에너지 자원(DER; Distributed Energy Resources): 수요지 인근 또는 배전망에 연계되어 에너지·용량·보조 서비스 제공·잉여 전기 해소 등이 가능한 전력 자원을 의미한다. 태양광·풍력 등 소규모 분산형 전원, ESS, 수요 반응, 에너지 효율 제어가 가능한 부하(수요 자원)로 구분한다.

프트웨어를 통합한 것이다. 기존 전력망이 공급 중심의 일방향성을 띠는 폐쇄형 플랫폼인 반면, VPP는 수요 중심으로 양방향성을 띠는 개방형 플랫폼이라는 차이가 있다.

태양광·풍력 등 재생 에너지의 가격이 그리드 패리티를 논할 수 있는 수준까지 하락했고, BTM 전력 시장에도 태양광 패널과 ESS 보급이 가속될 만한 여건이 마련되면서 VPP 시장 개화를 위한 전제 조건이 마련되고 있다고 볼 수 있다. 게다가 전기차 보급이 증가하면 전기차 역시 분산형 에너지 자원이 된다. IT 기반으로 전력 소비·생산 패턴과 관련한 빅 데이터를 분석해 잉여 전력을 통합하고, 전력이 필요한 곳에 판매해 재생 에너지의 가장 큰 단점인 간헐성을 극복할 수 있다. 이와 동시에 추가적인 수익을 올리거나 필요할 때 경제적으로 전력을 구입할 수 있게 되어 여러 분산형 에너지 자원이 마치 하나의 발전소처럼 작동하게 된다. AI가 이것을 가능하게 할 것이다.

전기차 역시 배터리에 저장된 전기를 양방향 전송(V2G; Vehicle to Grid)을 통해 당장 쓸 필요가 없다면 다른 것에 자체적으로 사용하거나 필요한 곳에 보내고, 전력이 남는 시간에 저렴하게 충전할 수 있다. 또한 태양광은 재생 에너지 중 건물에 활용될 가능성이 가장 크다. 지금처럼 건물 옥상에 패널이 설치될 뿐만 아니라, 페로브스카이트 태양전지와 같은 차세대 전지가 개발되면서 창호, 문, 벽 등 건물과 일체화된 태양광 발전 형태인 건물일체형 태양광발전시스템(BIPV; Building-Integrated Photovoltaic)이 더욱 발전할 것으로 전망된다. 즉 가까운 미래에 건물이 하나의 발전소가 되는 것이다. 따라서

· VPP 개념도 ·

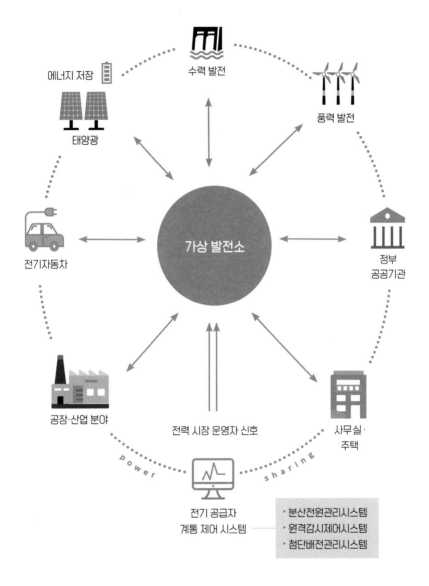

에너지 저장

태양광

수력 발전

풍력 발전

전기자동차

가상 발전소

정부 공공기관

공장·산업 분야

전력 시장 운영자 신호

사무실· 주택

power

sharing

전기 공급자 계통 제어 시스템

▸ 분산전원관리시스템
▸ 원격감시제어시스템
▸ 첨단배전관리시스템

자료: 전기연구원

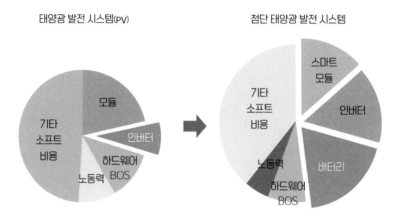

· 태양광 시스템 원가 비중 전망 ·

태양광 발전 시스템(PV)

모듈
기타
소프트
비용
인버터
하드웨어
BOS
노동력

첨단 태양광 발전 시스템

스마트
모듈
인버터
기타
소프트
비용
배터리
노동력
하드웨어
BOS

자료: 솔라엣지

태양광은 앞으로 BTM 전력 시장에서의 역할이 더욱 중요해질 것으로 보인다.

세계 최고의 태양광 인버터 기업을 넘어 태양광 중심의 에너지 솔루션 업체로 성장하고 있는 솔라엣지(Solaredge)의 자료를 살펴보면 미래의 태양광 시스템이 어떻게 바뀔지 힌트를 얻을 수 있다. 솔라엣지는 현재의 태양광 시스템에서 모듈이 향후 스마트 모듈로 변화할 것이며 모듈보다는 인버터와 배터리의 비중이 높아질 것으로 내다봤다. 스마트 모듈을 통해 태양광 모듈에서 생산되는 전력 패턴의 데이터를 축적할 수 있을 것으로 보인다.

인버터는 태양광 모듈과 ESS에서 생산된 직류 전력을 가정에서 사용할 수 있는 교류 전력으로 바꾸는 역할을 하는데, 에너지 효율을

구분	과거	미래
경쟁 우위 결정요소	지정학적 우위, 원가 경쟁력	IT 기술, 빅 데이터
생산·소비	생산과 소비 분리	에너지 프로슈머 등장
전력 체계	중앙집중형 전력 시스템	분산형 전력 시스템

자료: 현대차증권

높이는 측면에서 인버터의 중요성이 점점 높아지고 있다. 또한 인버터는 일종의 게이트웨이로서 가정에서의 전력 소비 패턴 정보를 축적할 수 있는 중요한 설비로 자리매김하는 중이다.

최근 테슬라는 자체적인 가정용 태양광 인버터를 내놓았다. 인버터 판매를 넘어서 전력 사용 패턴에 관한 빅 데이터를 축적해 테슬라의 생태계를 구축하려는 데 의의가 있다. 한편 솔라엣지는 한국의 배터리 회사인 코캄(KOKAM)을 인수하고 여타 태양광 에너지 관련 기기들을 통해 그들만의 생태계를 구축하고 있다. 테슬라와 솔라엣지는 미래 전력 시장에서 가장 중요할 수 있는 데이터를 취득하고 나아가 VPP 사업을 통해 단순한 기기 판매에 그치지 않고 전력 플랫폼 업체로 발돋움하고자 준비하고 있다.

이처럼 VPP 형태의 전력 시스템이 들어오면 BTM 전력 시장에는 재생 에너지 전환 이상의 변화가 찾아올 것이다. 태양광 패널만 있다면 그간 전력 사용만 담당하던 가정이 전력 생산의 주체가 될 수 있다. 에너지 프로슈머(energy prosumer)가 되는 것이다. 태양광 발전은 풍력

보다 설치 지역의 제약이 적고 소비 주체인 건물에 바로 지을 수 있기 때문에 BTM 전력 시장의 변화를 이끄는 핵심 동력이 될 것이다.

미래 에너지 산업은 이같이 IT 기술, 빅 데이터와 연계된 BTM 전력 시장의 발전으로 과거와는 완전히 다른 모습을 띨 것이다. 천연자원이 풍부한 국가나 지역에 집중된 에너지를 누구나 가질 수 있게 되면서 그것을 잘 활용했을 때 경쟁 우위를 점할 것이다. 즉 앞으로 경쟁 우위는 지정학적 우위나 원가 경쟁력이 아니라 IT 기술이 될 전망이다. 또한 생산자와 소비자가 통합될 것이며, 중앙집중형 전력 시스템은 분산형 전력 시스템으로 변해갈 것이다. 머지않은 3~4년 내 페로브스카이트 태양전지라는 혁신적인 기술이 상용화되고 배터리 가격이 하락하면 변화는 더욱 가속될 것으로 보인다.

전력 시장의 변화는
이미 시작되었다

일본에서는 2021년 4월 전력 시장에 '수급조정시장'이 개설되면서 가상발전소(VPP) 관련 사업이 본격화되고 있다. 수급조정시장은 일반 송배전사업자가 주파수 조정 및 수급 조정에 필요한 여분의 예비 전력(조정 전력)을 조달할 수 있는 시장이다. 예를 들어 전력 피크 시간에 ESS에 저장된 태양광 전력을 송배전사업자가 구입해 수요에 대응할 수 있다.

그전까지 일반 송배전사업자는 주파수 및 조정에 필요한 예비 전력, 즉 조정 전력을 개별적으로 각 공급 구역 내에서 공모를 통해 조달했다. 또한 조정 전력량을 파악하고 조달을 결정하는 등 세부적인 역할은 중앙급전지령소가 지역별로 담당해왔다. 이러한 시스템에서

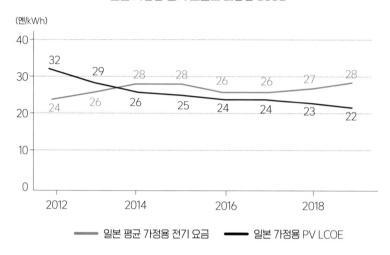

· 일본 가정용 전기 요금과 태양광 LCOE ·

(엔/kWh)

일본 평균 가정용 전기 요금 ── 일본 가정용 PV LCOE

자료: 일본재생에너지협회, 현대차증권

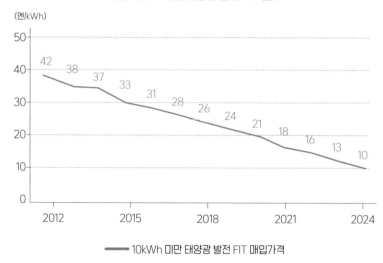

· 일본 10kW 미만 태양광 설비 FIT 단가 ·

(엔/kWh)

── 10kWh 미만 태양광 발전 FIT 매입가격

자료: 일본재생에너지협회, 현대차증권

는 제대로 된 현황 파악이 쉽지 않고, 수요량도 실제 수요보다 많다는 지적이 이어졌다.

이에 따라 일본 경제산업성은 기존에 개별적으로 이루어지던 조정 전력 조달을 전국 단위로 확대할 수 있도록 수급조정시장을 개설하기로 했다. 일반 송배전사업자가 전국적인 입찰을 통해 더욱 저렴하게 조정 전력을 조달할 수 있게 되면 전기 요금 상승을 억제하는 효과가 일어날 것으로 기대하고 있다. 또한 전국 규모의 효율적인 수급 조정을 통해 시간대 및 기후에 따라 발전량 변동 폭이 큰 태양광 및 풍력 발전 등의 재생 에너지 사업 확대에도 기여할 것으로 내다보고 있다.

이러한 수급조정시장 개설로 향후 VPP 사업이 확대될 것으로 전망된다. 일본 경제산업성과 일본 기업들은 VPP 시스템 구축을 위한 실증사업을 추진하고 있으며, VPP 관련 신규 사업도 늘어날 것으로 보인다. 이미 일본 경제산업성은 2016년부터 '수용가측 에너지 자원을 활용한 VPP 구축 실증사업'에 보조금을 지급하고 VPP 구축을 추진하고 있다. 해당 실증사업은 재생 에너지 도입 확대와 함께, 50MW 이상 전기차 및 ESS 등 에너지 자원 대상의 VPP를 통한 제어 기술 같은 에너지 사업 고도화가 포함되어 있다. 또한 전력도매가격에 연동한 동적 가격 변동제(dynamic pricing)를 도입해 전기차 충전을 저렴한 시간대로 유도하는 사업도 담겨 있다.

NTT, 에너리스(KDDI와 J-Power의 합작회사) 등 일본 기업들은 2021년 시작되는 이 사업에 뛰어들고자 일찌감치 준비하고 있었다.

또한 에넬(Enel) 같은 외국 기업도 약 240조 원 규모를 자랑하는 세계 최대 수준의 일본 전력 산업에 진출할 예정이며, ESS, EV 등을 일괄적으로 관리할 수 있는 AI 기술을 보유한 DeNA 및 NEC 등 타 업종 회사도 VPP 사업 참여를 염두에 두고 사업을 검토 중이다. 일본이 VPP 사업을 확대할 수 있는 근간은 가정용 태양광이 그리드 패러티에 근접했기 때문이다. 즉 태양광 설치 단가가 가정용 전기 요금보다 저렴해지면서 태양광 패널을 설치해서 전력을 자가소비하는 것이 전력 공급 유틸리티 업체에서 전력을 구매하는 것보다 경제적인 선택이 되었다.

일본은 그간 신재생 에너지 정책으로 FIT(Feed In Tariff, 발전차액지원) 방식을 유지해왔다. 이는 생산 전력의 시장가격이 기준가격보다 낮을 때 그 차액을 정부에서 지원해주는 발전차액지원제도다. 전력 공급 업체 입장에서는 고정 가격에 전력을 판매할 수 있다. 2012년 10kW 미만 태양광 FIT 단가는 1kWh당 42엔(약 451원)이었다. 태양광 패널을 설치한 가정이라도 유틸리티 업체에서 전력을 구매하고 태양광 설비에서 생산한 전력을 판매하는 것이 경제적이었다.

2020년 4월부터 FIT 단가가 1kWh당 21엔으로 전기 요금보다 낮아졌고, 추가로 낮아질 전망이다. 따라서 10kW 미만 태양광 발전의 경우 생산 전력 구입보다 자가 생산 소비가 더욱 저렴할 것으로 전망된다. 이미 균등화 발전단가가 가정용 전기 요금 대비 낮으므로 전력 소비 방식은 태양광 발전을 통한 자가소비로 점점 더 기울 것이다.

2020년 한화큐셀의 자회사인 한화큐셀재팬은 마루베니신전력과 함께 태양광 패널 무료 설치와 전력 소매계약 사업을 시작했다. 가정에 태양광 패널을 무료로 설치하면 한화큐셀재팬에서 태양광 발전 전력을 구입하고, 전력 부족분은 마루베니신전력에서 구입한다. 2020년 5월 하순부터 간토 지방을 중심으로 가정용 태양광 시장에 진출했다.

한화솔루션은 한화큐셀재팬에 모듈을 판매해 매출을 올리고, 한화큐셀재팬은 태양광 설치 단가를 낮추는 이득을 얻는다. 무료로 패널을 설치해주고 설치 및 점검 비용을 부담하고 생산 전력을 경쟁력 있는 가격에 판매하더라도 충분히 수익이 나는 것이다. 가정에서는 유틸리티 기업에서 전기를 직접 구매하는 것보다 낮은 가격으로 전기를 공급받을 수 있다. 태양광 패널 설치에 돈이 들지도 않는다. 한편 일본 샤프(Sharp)사는 마루베니와 제휴해 FIT가 종료된 주택 태양광 사업자에게 샤프의 ESS를 신규 구입하는 조건으로 잉여 전력을 1kWh당 14.6엔에 매입한다. 마루베니는 이러한 전력을 한화큐셀재팬과 함께하는 사업에서 활용할 가능성이 크다.

일본은 FIT의 전신으로 여겨지는 잉여전력매입제도를 병행하며 가정용 태양광 잉여 전력을 태양광 설비 개시 이후 10년간 매입하고 있다. 10년이 지나고 매입 기간이 종료된 가정이 점차 늘어나면서 2023년에 잉여 전력이 6.7GW까지 증가할 전망이다. 이러한 가정은 전력을 자가소비하거나, 낮은 가격이라도 외부에 판매해야 한다. 특히 자가소비를 위한 ESS는 필수가 될 전망이다. 이에 따라 일본전기공업회는 가정용 ESS 연간 출하 대수가 2018년도 7만 대에서 2030년도 28.9만 대까지 증가할 것으로 내다보고 있으며, 블룸버그 뉴 에너지 파이낸스(BNEF)도 일본 가정용 ESS 출하량을 2018년 351MWh에서 2022년 698MWh까지 증가할 것으로 예상한다.

또한 일본 기업들은 RE100 달성을 위해 이러한 가정에서 재생 에너지를 구매하고자 발 빠르게 움직이고 있다. 그 덕분에 자연스럽게 VPP와 같은 전력 소매 시장에서 새로운 사업이 등장하고 있다. 일본 주부전력은 FIT 종료 설비에서 여분의 태양광과 REC(신재생 에너지 공급인증서)를 1kWh당 7엔에 구매한다. 전력을 판매한 가정은 일본 최대 유통업체인 이온(AEON)에서 태양광 전력 1kWh당 1쇼핑포인트를 받는다. 주부전력은 이 REC를 이온에 공급할 예정이다. 이온은 최근 RE100을 선언했으며 2050년 100% 재생 에너지 사용을 목표로 REC를 활용할 계획이다.

한편 자사 주택용 ESS 매입을 조건으로 상대적으로 높은 매입가격을 제시하는 사업도 등장했다. 파나소닉은 NTT스마일에너지(NTT Smile Energy)사와 제휴해 이들 주택용 태양광 발전 사업자에게 ESS 신규 구입 조건으로 잉여 전력을 최대 1kWh당 16엔으로 구매하는 서비스를 제공할 계획이다. 이는 ESS 미구입 시 지급하는 단가인 1kWh당 7.2~9.3엔보다 높은 가격이다. 파나소닉 역시 2050년 100% 재생 에너지를 활용하는 RE100 기업이다.

이외에도 세키스이 하우스, 세키스이 화학, 아사히카세이, 다이와 하우스 등 RE100에 참여하는 많은 일본 기업이 가정에서 생산하는 태양광 전력을 구매하기 위한 사업들을 진행하고 있다. 게다가 일본의 유틸리티 기업들도 가정에서 재생 에너지를 구입하고 있는데, 이들 역시 중장기적으로 일본 기업의 RE100 달성을 지원하게 될 가능성이 커 보인다.

미국 연방에너지규제위원회(FERC)는 지난 2020년 9월 소규모 에너지원이 미국 전력 도매 시장에서 경쟁하도록 허용하는 '오더 2222(Order 2222)'를 최종 승인했다. 미국 연방에너지규제위원회는 소규모 에너지원으로 에너지 저장 설비(ESS 등), 간헐성 발전원(재생 에너지), 분산형 발전원(CHP 등), 수요 반응, 에너지 효율, 지열 저장 설비, 전기자동차 및 충전기 등 다양한 자원을 언급했다. 이번 규정은 ESS가 전력 도매 시장에 전기를 판매하도록 허용한 2018년 규정을 확대한 것으로 범위가 대폭 늘어났다.

이 법안으로 미국의 분산형 에너지 자원의 전력 도매 시장 진입이 허용됨에 따라 수많은 설비에서 제공되던 전력과 기타 서비스들을 하나로 묶을 수 있게 되었다. 따라서 이를 전력 도매 시장이나 다른 주의 전력 시장에 판매하는, 즉 분산형 에너지 자원을 통합·중계하는 애그리게이터(Aggregator, 통합 관리자)를 통한 VPP 사업 생태계가 조성될 것으로 기대된다. 또한 ESS와 연계된 가정용 태양전지 등 분산형 에너지 자원 투자가 더욱 가속될 전망이다. 미국 연방에너지규제위원회에서는 이 법안 승인을 두고 "분산형 에너지 자원의 새로운 날(a new day for distributed energy resources)"이라고 자평했다. 〈파이낸셜 타임즈(Financial Times)〉 또한 이 법안이 마련되면서 향후 발전소가 전기차와 경쟁할 것으로 평가했다.

2018년 호주 사우스오스트레일리아주 주정부와 테슬라는 2022년까지 최소 5만 가구에 가구당 가정용 태양광 5kW와 배터리 13.5kW, 스마트 미터(공급자와 소비자 간 양방향 통신이 가능한 원격 전력 검침 장치) 시스템을 설치하고 이를 소프트웨어로 통합해 세계 최대 규모 VPP를 구축할 계획을 세웠다. 이 프로젝트가 성공적으로 진행되면 전력 수요의 20%를 충당할 수 있어 가정용 전기 요금을 30% 절감하고 지속되는 정전에 대비할 수 있다. 일론 머스크는 이 프로젝트를 수주하면서 100일 안에 준공 실패 시 전력을 무료로 공급하겠다고 선언했으며 프로젝트 착수 3개월 만에 준공하는 놀라운 실행력을 보여주었다.

호주는 넓은 국토 면적에 비해 낮은 설비 용량과 전력계통의 불안정성이라는 문제를 안고 있으며 전력 공급 불안정성이 심각한 편이다. 문제 해결을 위해 태양광·ESS 중심 VPP 사업을 도입하고 있다. 향후 3단계에 거쳐 5만 가구에 이 시스템을 공급할 예정인데, 이 프로젝트가 모두 완성되면 250MW의 태양광 발전과 650MWh의 파워월이 연결되어 가정에 전력을 공급하게 된다.

테슬라는 호주 사우스오스트레일리아주 혼스데일(Hornsdale)에 파워팩(Powerpack)을 이용해 초대형 300~450MWh 유틸리티용 ESS 시스템을 건설해 운영하고 있다(배터리는 삼성SDI가 생산한다). 혼스데일에 테슬라의 3MWh급 대형 ESS인 파워팩이 150기 설치된다. 이는 신재생 에너지 전문 기업인 네오엔(Neoen)의 315MW 풍력 단지와 연결되어 풍력 발전의 간헐성을 해결하고 전력 피크 시간 수요에

전 세계 지속 가능한
운송 수단으로의 전환 가속화

TESLA MOTORS

전 세계 지속 가능한
에너지로의 전환 가속화

자료: 테슬라

대응하면서 18만 가구가 사용할 수 있는 전력을 공급한다.

혼스데일 프로젝트에서 테슬라는 오토비더(Autobidder)를 통해 성공적으로 발전소를 운영하고 있다. 오토비더는 전력의 수요량과 발전 설비의 공급량을 분석·예측해서 잉여 전력을 전력 수요가 있는 곳에 자동으로 거래하는 머신러닝 기반의 플랫폼이다. VPP 시스템에서 '뇌'에 해당하는 부분이다. 지속적으로 운영하면서 많은 데이터가 축적되면 더욱 정확하고 효율적인 전력 거래가 가능해질 것이다.

이미 테슬라는 영국에서 전력 사업자 자격을 취득했다. 영국에서 전기 요금 서비스를 론칭하면서 가정용 태양광 발전소와 테슬라의 가정용 ESS인 파워월을 설치한 고객에게 원화 기준 1kWh당 162원에 전기를 제공하겠다고 나섰다. 만약 테슬라 차량을 보유하고 있다면 가격이 1kWh당 114원으로 내려간다. 영국의 가정용 전기 요금이 1kWh당 290원 수준임을 감안하면 매우 저렴한 편이다. 게다가 전기로 자동차를 충전하기 때문에 주유비도 절감할 수 있다. 태양광으로 전력을 생산하는 한계비용은 무료다. 따라서 테슬라 차량을 보유하고, 또 테슬라의 전력 시스템을 이용하는 가정은 엄청난 비용 혜택을 누릴 수 있다. 기존 시스템으로는 경쟁하기 불가능한 수준이다.

테슬라는 2019년 실적 발표 컨퍼런스콜에서 테슬라의 향후 매출에서 에너지 부문이 훨씬 더 커질 수 있음을 암시했다. 2016년 테슬라는 솔라시티(SolarCity)를 인수하면서 사명 선언(mission statement)에서 '운송(transportation)'이라는 단어를 '에너지(energy)'로 바꾼 것은 물론, 테슬라 모터스라는 사명 또한 모터스(motors)를 제거하고 테슬라로 바꿔버렸다. 일론 머스크는 이미 자동차 시장 너머 에너지 시장을 내다보고 있다.

배터리,
에너지 전환의 핵심으로 자리 잡다

저탄소 에너지 전환을 가속하는 중심에는 2차전지로 대변되는 에너지 저장 및 활용 기술의 발달이 있다. 2019년 노벨화학상은 리튬이온전지 산업 발전에 기여한 3인에게 주어졌다. 노벨위원회는 노벨화학상을 수여하면서 "태양광과 풍력으로 생산한 전력을 저장해 화석연료가 필요 없는 사회가 가능하도록 했다."라고 수상 이유를 밝혔다. 언론이나 관련 도서에서 배터리로 인해 화석연료 시대가 저물 것이라는 문구가 종종 쓰이는데, 이는 에너지 전환에서 배터리가 얼마나 중요한지를 잘 설명하고 있다.

최근 확산되는 수소 경제에서는 수소를 일종의 에너지 저장 장치로 간주하고 있는데, 대규모 전기를 장기간 저장하는 데는 수소가 좀

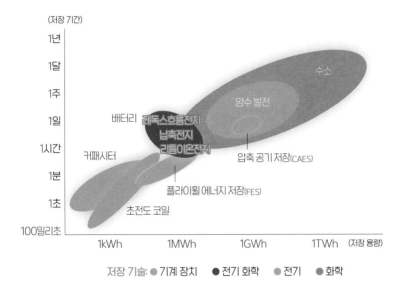

· 저장 기간·용량별 에너지 저장 장치 ·

(저장 기간)

| 1년 |
| 1달 |
| 1주 |
| 1일 |
| 1시간 |
| 1분 |
| 1초 |
| 100밀리초 |

수소

양수 발전

배터리 레독스흐름전지
납축전지
리튬이온전지

압축 공기 저장(CAES)

커패시터

플라이휠 에너지 저장(FES)

초전도 코일

1kWh   1MWh   1GWh   1TWh   (저장 용량)

저장 기술: ● 기계 장치   ● 전기 화학   ● 전기   ● 화학

자료: 인피니티(Infinity), 현대차증권

더 효율적으로 활용될 수 있다. 2차전지 역시 기술 진보와 함께 가격이 하락하고 있다. 또한 재생 에너지의 간헐성 문제를 극복하고 100% 재생 에너지로 전력계통을 운영하는 것이 배터리로 인해 현실적으로 가능해졌다. 그 때문에 자동차 역시 재생 에너지로 생산한 대용량의 전력을 저장해서 다용도로 사용할 수 있는 환경이 조성되고 있다.

간단히 배터리에 대해 정리하도록 하겠다. 이 책에서 언급하는 배터리는 일반적으로 충전과 방전이 가능한 2차전지다. 따라서 특별한 언급이 없다면, 이 책에서 배터리는 2차전지라고 이해하면 된다. 엄격히 말하면 배터리는 크게 1차전지와 2차전지로 나눌 수 있다. 1차전지는 충전해서 재활용하는 전지가 아닌 우리가 편의점에서 흔히 접하는 알카라인 전지를 주로 의미한다.

충전과 방전이 가능한 2차전지는 1900년대 납축전지를 시작으로 여러 배터리 형태로 발전해왔고, 현재 사용되는 리튬이온배터리는 1990년대 초 일본 소니사를 시작으로 상용화되었다. 리튬의 산화환원 반응 과정에서 전자가 이동하면서 전기를 생산하기 때문에 리튬이온전지라고 일컫는다. 소니가 개발한 배터리는 지름 18mm, 높이 650mm의 원통형 배터리였는데, 이를 줄여 '18650배터리'로 불렀다. 현재 2차전지들은 이때 개발된 리튬이온전지를 기반으로 성능이 발전된 것이다.

리튬이온전지는 이전 배터리 대비 에너지 밀도가 높고 메모리 효과가 없다는 점에서 빠르게 시장을 이끌기 시작했다. 메모리 효과란 완전히 방전되지 않은 상태에서 충전하면 전지의 실제 용량이 줄어드는 효과를 말한다. 그리고 에너지 밀도가 높다는 것은 동일 무게나 부피에서 더 많은 에너지양을 가진다는 것이다. 그만큼 배터리를 소형화할 수 있음을 의미한다. 따라서 현대 배터리 발전은 주로 에너지 밀도를 높이는 데 주안점을 두고 있고, 이것이 일반적으로 배터리 성능을 측정하는 기준이 되고 있다.

다만 에너지 밀도만 살펴봐서는 정확하게 배터리의 성능을 가늠하기 어렵다. 에너지 밀도를 높이기 위해 배터리 용량을 높이거나 전압이 더 높은 활물질(철심이나 동선 등, 회로 안의 에너지 변환에 관련하는 물

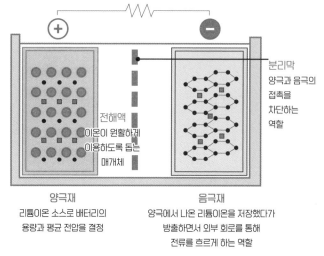

· 리튬이온전지 4대 요소 ·

양극재
리튬이온 소스로 배터리의
용량과 평균 전압을 결정

전해액
이온이 원활하게
이용하도록 돕는
매개체

분리막
양극과 음극의
접촉을
차단하는
역할

음극재
양극에서 나온 리튬이온을 저장했다가
방출하면서 외부 회로를 통해
전류를 흐르게 하는 역할

자료: 삼성SDI

질)을 사용하기도 한다. 그런데 이 과정에서 배터리의 안전성이 떨어지고 폭발 가능성은 커진다. 또는 사용되는 소재가 받는 스트레스가 커지면서 수명에 악영향을 미칠 수 있다. 배터리 기술 발전의 난제는 바로 그 지점에 있다. 양립하기 어려운 에너지 밀도와 안정성, 긴 수명, 낮은 가격을 모두 충족해야 한다.

리튬이온전지는 기본적으로 리튬이온이 양극재와 음극재 사이를 이동하는 화학적 반응으로 전기를 생산한다. 이 과정에서 필요한 양극재, 음극재, 전해액, 분리막을 리튬이온전지 4대 요소라고 말한다. 양극은 리튬이온을 공급하는 요소로 배터리의 전압과 용량을 결정하며 전체 비용에서 40% 내외를 담당하기 때문에 가장 중요하게 여겨진다. 음극은 양극에서 나온 리튬이온을 저장하고 방전 시 방출하는 역할을 한다. 최근에는 양극재를 통한 에너지 밀도 증가가 어느 정도 한계에 이르면서 음극재의 중요성이 커지고 있다. 전해액은 리튬이온이 원활하게 이동하도록 돕는 매개체 역할을 하며, 분리막은 양극과 음극이 서로 접촉할 경우 화재가 일어날 수 있어 이를 방지하는 역할을 한다.

소니가 에너지 밀도가 높은 리튬이온전지를 상용화하면서 소형 전지가 가능해졌다. 배터리 산업은 3C제품, 즉 휴대전화(cellular phone), 캠코더(camcorder), 카메라(camera)의 폭발적인 성장과 함께 1차 전성기를 맞이했다(어쩌면 배터리가 있어서 3C 제품 성장이 가능했을 수도 있지만). 이 1차 전성기는 일본이 이끌었다. 소니, 산요와 같은 일본의 배터리 업체들이 주인공이었다. 일본 업체들은 2차 세계대전 당시 오사카항에 정박하고 있던 독일 유보트에 실린 니켈카드뮴전지를 뜯어보며 전지 기술을 익힌 것으로 알려져 있다. 오사카시 스미노에 파나소닉의 배터리 공장이 위치하는 등 오사카는 현재 일본 배터리 산업의 중심지로 자리매김했다.

2차 전성기는 전기차 시대를 맞이해 비로소 개막하고 있다. 전기차에 들어가는 배터리는 휴대용 기기에 들어가는 배터리 대비 훨씬 용량이 크다. 이렇게 고성장하는 배터리 시장을 주도하고 있는 것은 이제 일본 업체가 아닌 한국과 중국 업체들이다. 전기차 판매는 2020년 코로나19에도 불구하고 전년 대비 40% 이상 증가한 320만 대를 기록했다. 각국은 팬데믹 극복을 위한 정책의 일환으로 에너지 전환을 더욱 가속하면서 2020년 하반기부터 유럽과 중국을 중심으로 전기차 보조금을 더욱 강화했다. 자연스럽게 이 분야에 신규 투자와 고용이 늘어났다.

전 세계에 풍부하게 풀려 있는 유동성은 결국 에너지 전환을 중심으로 하는 사업을 찾아 흘러 들어갈 것이며, 이 과정에서 에너지 수요의 핵심적인 역할을 하는 운송 수단의 에너지원은 빠르게 변화할 것이다. 앞서 설명했듯이 에너지 전환의 핵심은 자동차의 연료 변화이기 때문이다. 2021년 전기차 판매는 500만 대로 전년 대비 50% 이상 성장할 것으로 전망된다. 이미 2021년 6월까지 판매량이 200만 대를 기록했는데, 통상 하반기 판매가 상반기 대비 많은 것을 감안하면 연간 500만 대 판매는 문제없을 것으로 보인다. SNE리서치는 전 세계 전기차 판매가 2030년 5,180만 대 수준으로 성장할 것으로 내다보고 있다. 전 세계 신차 판매의 50%를 훌쩍 넘는 수준이다.

이처럼 빠른 전기차 보급으로 전기차용 배터리 수요 역시 기하급수적으로 증가하고 있다. SNE리서치에 따르면, 2020년 139GWh 수준이었던 전기차용 배터리 수요는 2030년까지 23배 성장한 3,254GWh가 될 것으로 전망된다. 금액으로 보면 350조 원 규모의 시장이 될 것으로 추정되며, 이 전망치에는 ESS는 포함되지 않았다.

테슬라는 2020년 개최한 테슬라 배터리 데이(Tesla Battery Day)에서 향후 자동차에 사용되는 유사한 수준의 배터리 수요가 ESS 등 에너지 저장 부문에서 창출될 것으로 전망했다. 일부 수요는 수소와 같은 부문에서 흡수할 가능성이 크지만, 자동차용 수요에 뒤지지 않는

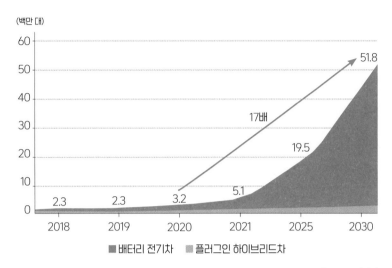

· 전 세계 전기차 판매량 전망 ·

(백만 대)

■ 배터리 전기차　■ 플러그인 하이브리드차

자료: SNE리서치

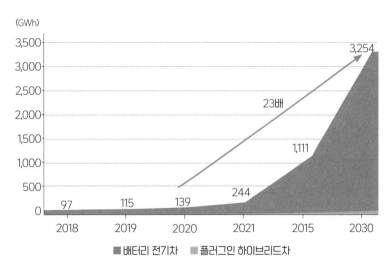

· 전 세계 전기차용 배터리 판매량 전망 ·

(GWh)

■ 배터리 전기차　■ 플러그인 하이브리드차

자료: SNE리서치

수요가 창출될 전망이다. 이를 감안하면 배터리 수요의 성장은 지속적으로 상향 조정될 가능성이 대단히 크다.

변수는 미국이다. 트럼프 행정부 4년간 뒤떨어졌던 미국의 에너지 전환이 바이든 행정부에서 가속되면서 배터리와 전기차 수요는 더욱 가파르게 성장할 것으로 전망된다. 바이든 행정부는 2030년까지 신차 판매의 50%를 전기차로 채우겠다는 야심 찬 목표를 발표했다. 미국의 한 해 신차 판매가 1,700만 대 수준임을 감안하면 2030년에는 800만 대 이상의 신차가 전기차로 판매될 전망이다. 문제는 2020년 전기차 판매 30만 대라는 부진한 성적을 거두었기 때문에 10년 만에 신차 판매의 50%라는 목표를 달성해야 하는 과정에서 배터리 수요가 급격하게 증가할 것이라는 점이다.

게다가 미국 완성차 시장에서는 SUV나 픽업트럭과 같은 대형 자동차 수요가 다른 국가 대비 높은 수준이다. 이러한 자동차 한 대당 들어가는 배터리 양은 세단 형태 차량보다 훨씬 더 많다. 일례로 중형차에 속하는 테슬라의 모델3에는 75kWh, GM 볼트에는 60kWh의 배터리가 쓰인다. 대형차로 넘어가면 최대 2배가 넘는 배터리가 필요하다.

신생 전기차 업체인 리비안의 R1T 픽업트럭에는 105kWh에서 180kWh의 배터리 모델이 있다. 테슬라의 사이버 트럭(Cyber Truck)은 최대 200kWh가 필요하다. 따라서 연간 신차 판매량이 유사한 유럽 대비 미국에는 훨씬 더 많은 배터리가 필요할 것으로 전망된다. 배터리 부족 상황은 지속될 가능성이 크다.

미국 시장을 바탕으로 중국 업체들과 경쟁하는 한국 배터리 업체들의 새로운 도약이 기대된다. 미국은 미국·멕시코·캐나다 협정(USMCA) 발효로 자동차 업체의 경우 2025년까지 역내가치비율을 75%까지 높이지 않으면 관세 혜택을 받을 수 없다. 따라서 미국 내 배터리 생산 설비를 확보하는 것은 경쟁력 측면에서 대단히 중요하다. 중국에 대한 미국의 견제를 감안하면 중국 업체가 미국 현지에 배터리 공장을 건설하기는 쉽지 않을 것이다.

파나소닉은 여전히 테슬라에 배터리를 일부 공급하면서 적극적인 대응보다는 도요타와의 협업 정도를 준비하고 있다. 최근 파나소닉은 테슬라 지분을 모두 매각하고 테슬라에 대한 의존도를 낮추겠다고 언급하기도 했다. 미국 완성차 업계에 안정적으로 대규모 고성능 배터리를 공급할 수 있는 업체는 한국 업체뿐일 것이다. 이에 따라 한국 업체들은 미국에 적극적인 투자를 진행하면서 배터리 산업에서 위상을 더욱 높일 준비를 하고 있다.

태양광 산업의 게임 체인저, 페로브스카이트 태양전지

2015년 출간되어 스탠퍼드대학교의 토니 세바 교수를 스타 반열에 올린 『에너지 혁명 2030』에는 이러한 구절이 있다.

2030년이 되면 태양광 시대가 도래하며, 이에 관련되어 새롭고 다양한 기술이 나온다. 특히 페로브스카이트(perovskite)와 같은 신물질을 이용하면 고효율 태양광 패널을 매우 저렴한 비용으로 생산할 수 있다.

또한 토니 세바 교수는 〈조선비즈〉와의 인터뷰에서 한국은 국토가 좁고 산지가 많아 태양광 설치에 적합하지 않다는 지적에 대해 이렇게 대답했다.

한국이 전력을 태양광, 풍력, 배터리로 얻는 데 방해가 되는 것은 공간 부족이 아니라 상상력 부족이다. 태양광 발전은 상업용 옥상, 주차장, 도로에도 설치할 수 있다.(중략) 또, 투명 태양광은 '수직' 공간을 사용하기 때문에 전력을 생산하기 위해 넓은 '수평' 공간이 필요하지 않다.

자료: 〈조선비즈(2021년 1월 21일)〉,

'[에너지 대전환] 토니 세바 "車 업체, 컴퓨터 회사로 변신해야 생존"'

이러한 수직 태양광, 즉 어디에나 설치 가능한 태양광 발전 기술이 페로브스카이트 태양전지며, 향후 5년 내 상용화될 것으로 전망된다(페로브스카이트에 대해서는 뒤편에서 자세히 설명하도록 하겠다). 지난 반세기 동안 태양광 발전 기술은 눈부시게 발전해 일부 지역에서는 그리드 패리티에 도달할 정도로 단가가 낮아졌다. 그러나 경량성, 휴대성, 유연성 등을 확보해 침투율을 더욱 높이려면 추가적인 기술 개발이 필요하다는 것이 중론이다.

또한 태양광 기술의 발전(효율 증대 및 가격 하락)은 향후 수소 경제 활성화와도 연계되어 있다. 녹색 수소 가격 하락으로 이어지기 때문이다. 1970년대 상용화되어 태양광 발전 시장을 이끌었던 1세대 결정질 실리콘 기반의 태양전지가 기술 발전 한계에 도달하면서 현재 차세대 태양전지에 대한 수요가 점차 증가하고 있다.

태양전지는 태양의 빛 에너지를 전기 에너지로 전환하는 장치로, 태양광 발전 시스템의 핵심 부품이다. 태양전지는 P-N 접합으로 구성된 반도체 소자로, 반도체의 밴드 갭(band gap, 흡수대)보다 큰 에너

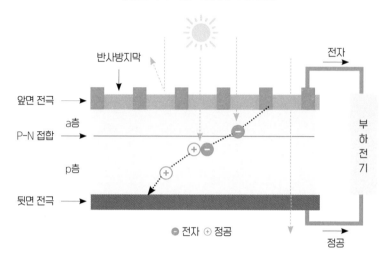

· 태양전지의 기본 구조 및 작동 원리 ·

반사방지막

전자

앞면 전극

P-N 접합   a층

p층

뒷면 전극

부하전기

● 전자 ⊕ 정공

정공

자료: 신재생에너지백서

지의 빛이 입사되면 반도체 내부에 전자—정공 쌍이 생성된다. 생성된 전자—정공 쌍이 P-N 접합부에 형성된 전기장 때문에 서로 반대 방으로 이동하면서 외부에 연결된 도선에 전류가 흐르게 된다. 태양광 발전에서는 태양전지 셀(배터리의 기본 단위) 여러 장을 직렬로 연결해 패널 형태의 모듈로 제작하고, 이러한 모듈을 직병렬로 연결해 설치한다.

태양전지는 빛을 흡수하는 소재에 따라 실리콘(Si)계, 화합물반도체계, 유기계 등으로 나뉜다. 상용화 순서에 따라서 1세대는 결정질 실리콘, 2세대는 실리콘 박막, CIGS(구리, 인듐, 갈륨, 셀레늄으로 구성된 화합물) 및 카드뮴·텔루라이드(CdTe) 박막, 그리고 3세대인 염료 감응

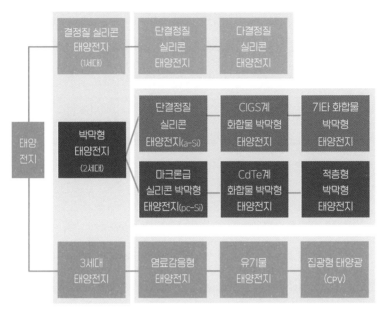

· 태양광 기술 세대별 분류 ·

자료: 업계 자료, 현대차증권

과 유기물, 차세대인 양자점, 플라즈몬 등으로 분류할 수 있다. 이 중 결정질 실리콘 태양전지(c-Si)가 가장 먼저 상용화되어 태양광 시장의 90% 이상을 차지하고 있다.

실리콘 태양전지는 1954년 미국의 벨 연구소(Bell Labs)에서 4.5% 효율의 태양전지를 만들면서 본격적으로 개발되기 시작했다. 이후 1973년 석유 파동을 겪으면서 관심이 점점 높아지다가 1980년대에 들어서서 결정질 실리콘 기판을 이용한 고효율 태양전지 연구가 활발히 진행되었다. 현재 태양전지 시장의 90% 이상을 차지하는 태양전지는 폴리실리콘(실리콘이 다결정 상태를 이룬 것)을 이용한 것이다.

미국 에너지부 산하 국립신재생에너지연구소(NREL)에서는 최고 효율을 갖는 태양전지와 모듈을 정기적으로 업데이트하고 있는데, 최근 경향을 살펴보면 특이점이 있다. 결정질 실리콘 태양전지에는 최근 추가적인 효율성 향상이 이루어지지 않는 것이다. 실리콘 태양전지는 현재 이론상으로 효율성 한계에 직면한 것으로 알려졌다. 반면 가장 빠른 효율 개선을 보이는 것은 페로브스카이트를 활용한 전지들이다.

결정질 실리콘 태양전지 효율은 1980년 15%부터 최근 27%까지 40년 동안 12%p 수준의 개선이 이루어졌다. 반면 페로브스카이트는 2010년대 초반 12%이던 효율이 최근 25.5%까지 향상되었다. 10년 남짓한 기간 13%p 효율이 개선된 셈이다. 결정질 실리콘 태양전지가 지난 40년간 이룬 효율 개선을 10년도 안 되는 시간에 이루어냈다.

특히 실리콘 태양전지 하부 구조 위에 페로브스카이트 태양전지를 붙인 탠덤(Tandem, 다중 접합) 전지의 경우는 최근 5~6년간 비약적인 기술 개발로 29.5%의 효율 개선을 기록하며 대단히 빠른 속도로 실리콘 태양전지 효율을 넘어서고 있다. 이론상으로는 현재 태양광 패널 효율 20% 대비 동일 면적에서 약 50% 더 많은 전력을 생산할 수 있다. 특히 최근 페로브스카이트 태양전지 최고 효율을 기록한 곳이 한국 울산과학기술원인 것에서 알 수 있듯이, 관련 연구를 한국이 주도하고 있다는 점을 주목해야 한다.

· 태양전지 최고 효율 차트 ·

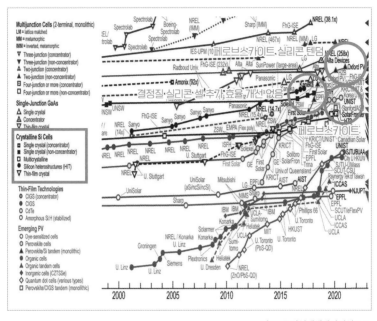

자료: 국립신재생에너지연구소

그렇다면 페로브스카이트라는 물질에 대해 알아보자. 페로브스 카이트는 1839년 러시아 우랄산맥에서 발견된 광물 티탄산 칼슘 (CaTiO3)의 이름이었다. 러시아 광물학자인 레프 페로브스키(Lev Perovski)의 이름을 따서 '페로브스카이트'라고 불렸다. 그러다 점차 티탄산 칼슘처럼 양이온 두 종류가 각각 하나씩 음이온 3개와 결합 하고 있는 산화물을 페로브스카이트라고 부르게 되었다. 업계에서는 일반적으로 'ABC3 화학 조성'이라고 부르고 있고, A와 B는 양이온, C는 이들과 결합하고 있는 음이온이다.

· 페로브스카이트 태양전지 장단점 ·

구분	특징	내용
장점	높은 광변환 효율	장기적으로 폴리실리콘 대비 훨씬 높은 효율 기대
	투명도 조절	밴드 갭을 2.3~1.4eV 사이 제어 가능
	낮은 제조 원가	고온 공정 불필요(150~200℃에서도 가능), 간단한 용액 공정으로 제조 가능
	휘거나 구겨질 수 있음	광흡수계수가 높아 얇은 두께의 광흡수층으로도 빛을 효과적으로 흡수 가능, 폴리실리콘 태양전지 대비 1/100 두께 가능
단점	불안전성	안정성 및 내구성이 떨어짐

자료: 업계 자료, 현대차증권

태양전지의 효율과 가격을 결정하는 것은 태양전지를 구성하는 광흡수 물질이다. 페로브스카이트 광흡수 물질은 기존 반도체 광흡수 물질과는 다르게 광학적·전기적 특성이 뛰어나다. 높은 광흡수계수 덕분에 태양전지를 더욱 얇게 만들 수 있어 기존 실리콘 태양전지의 1/100~1/200 두께에서도 같은 흡수율을 만들 수 있다(기존 실리콘 태양전지 두께는 150~200㎛다). 또한 1천℃ 이상의 고온 생산 공정이 필요한 실리콘 태양전지와 달리 400℃ 이하의 공정을 통해 생산할 수 있기 때문에 원가가 낮다.

게다가 소재 특성상 다양한 조성으로 합성할 수 있는데, 조성에 따라 밴드 갭이 변하기 때문에 다중 접합 태양전지(tandem solar cell)를 만드는 데 적합하다. 흡수 대역이 다른 2개 이상의 태양전지를 사용해 더 넓은 영역의 빛 파장을 활용해 우수한 광전 변환 특성을 확보한 다중 접합 태양전지는 30% 이상의 효율을 자랑하지만, 그전까지 공정에서 생산 단가가 높아지면서 상업화되기에는 어려웠다.

페로브스카이트 소재는 원료의 생산 단가와 용액 공정 비용이 낮음에도 높은 효율을 낸다. 따라서 단가 측면에서도 다중 접합 태양전지에 적용되기 적합하다는 장점이 있다. 장기적으로 결정질 실리콘 태양전지를 주로 생산하던 업체들은 기존 생산 설비를 활용해 점차 페로브스카이트 탠덤 전지를 생산할 예정이다.

이러한 3차원 구조의 페로브스카이트 물질은 2009년 일본 토인 대학교의 미야사카 스토무 교수 연구팀이 최초로 태양전지에 적용했다. 최초로 적용된 물질은 메틸암모늄요오드화납($CH_3NH_3PbI_3$)으로 염료 감응 태양전지의 흡광 물질인 유기 염료를 대신해 사용되었으며, 3.8%의 광전환 효율이 보고되었다. 다만 당시 페로브스카이트 태양전지는 액체 전해질을 사용하는 염료 감응 태양전지의 구조를 그대로 차용했기 때문에 안정성이 매우 떨어졌다.

결정적인 전환점을 만들어낸 것은 우리나라였다. 2012년 성균관대학교 박남규 교수 연구팀은 극성 액체 전해질을 고체 홀전도체로 대체해 9.7%의 광전환 효율을 가지는 고체 염료 감응 형태의 페로브스카이트 태양전지를 발표했다. 흡광계수가 높은 유무기 복합 페로브스카이트 물질의 특성을 이용해 기존 염료 감응 태양전지의 3~5㎛ 흡수층 두께를 1㎛ 이하로 줄였고, 특히 페로브스카이트를 용해시키지 않는 고체 홀전도체를 사용해 500시간 이상의 안정성을 보였다. 이는 페로브스카이트 태양전지 및 물질에 대한 수많은 연구를 창출하는 중대한 계기가 되었다.

연구팀 논문이 발표된 지 두 달 뒤 미야사카 교수와 영국 옥스퍼드 대학교의 헨리 스네이스 교수 공동 연구팀도 고체형 페로브스카이트 태양전지 논문을 발표하면서 페로브스카이트는 3세대 태양전지 연구에서 가장 주목받는 분야가 되었다. 이후 연간 1~2건에 불과하던 관련 연구 논문 수가 2019년에는 4천 건을 넘을 정도로 활발하게 연구가 진행되고 있다.

2017년 클래리베이트 애널리틱스(Clarivate Analytics)가 예측한 '2017년 노벨상 수상 유력 후보'에 미야사카 교수 및 헨리 스네이스 교수와 함께 박남규 교수가 선정되기도 했다. 특허 데이터베이스 관련 글로벌 기업인 클래리베이트 애널리틱스는 과학 연구 정보 데이터베이스인 '웹 오브 사이언스'의 논문 인용 데이터를 분석해 해마다 노벨상 후보 명단을 발표하는데, 2002부터 2016년까지 15년간 과학 분야에서 선정한 222명 중 29명이 같은 해 또는 가까운 시기에 노벨상을 수상했다.

페로브스카이트 태양전지의 또 다른 물리적 특징은 휠 수 있고 투명도를 조절할 수 있다는 점이다. 할로겐 음이온 종류와 성분에 따라 에너지 밴드 갭을 조절할 수 있어 태양광 흡수 한계 파장을 다른 반도체 재료에 비해 자유롭게 바꿀 수 있다. 이에 따라 활용도가 대단히 높다. 건물일체형 태양광발전시스템(BIPV) 및 차량통합형 태양광발전시스템(VIPV; Vehicle Integrated Photovoltaic)에도 응용할 수 있는

· 페로브스카이트 태양전지 ·

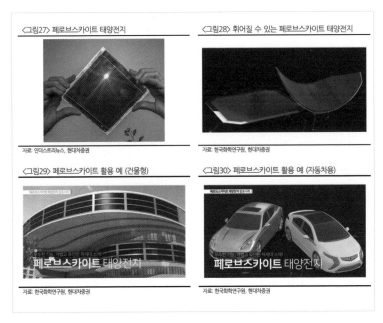

<그림27> 페로브스카이트 태양전지

자료: 인더스트리뉴스, 현대차증권

<그림28> 휘어질 수 있는 페로브스카이트 태양전지

자료: 한국화학연구원, 현대차증권

<그림29> 페로브스카이트 활용 예 (건물형)

자료: 한국화학연구원, 현대차증권

<그림30> 페로브스카이트 활용 예 (자동차용)

자료: 한국화학연구원, 현대차증권

자료: 현대차증권 〈The Next Energy(2020.09.10)〉

것으로 알려졌다.

　2020년 10월 반도체 검사 장비를 생산하는 유니테스트는 한국전력과 유리창호형 페로브스카이트 태양전지 사업화를 위한 MOU를 체결했다. 이는 빌딩 창문 면에 반투명한 페로브스카이트 태양전지를 적용하는 기술이다. 이를 통해 자동차 선루프 등에 페로브스카이트 태양전지가 적용되어 주행하면서 전기차 충전이 가능해질 전망이다. 최근에는 2024년까지 새만금산단 6만 6천㎡에 2024년까지 페로브스카이트 태양전지 양산을 위한 제조공장 건설을 발표했다. 향후 3년 내 태양광 산업의 거대한 변화가 기대된다.

현대차는 솔라시스템 기술을 상용화해 1세대 실리콘형, 2세대 반투명 솔라루프(Solar Roof), 3세대 차체형 경량 솔라리드 등 세 가지 형태의 솔라시스템을 개발하고 있다. 현재 양산형 실리콘 태양전지를 장착한 1세대 솔라루프가 쏘나타 및 K5 하이브리드 모델에 적용되고 있다. 2세대 반투명 솔라루프는 불투명한 1세대와는 달리 투과형·개폐형 옵션을 추가해 파노라마 선루프에 반투명 태양전지를 장착하는 형태로 개발되고 있다.

장기적으로는 페로브스카이트 태양전지가 활용될 가능성이 크다. 또한 테슬라 역시 픽업트럭 모델인 사이버 트럭에 태양광 패널을 통한 에너지 옵션이 추가될 것이라고 일론 머스크가 언급하기도 했다. 따라서 자동차와 연계된 태양광 시장에서 페로브스카이트 태양전지가 활용될 가능성이 매우 크다.

우리나라에서는 한화솔루션이 2~3년 전부터 R&D 조직을 구성해 N타입 실리콘 전지 하부 구조와 페로브스카이트 태양전지를 활용한 페로브스카이트 탠덤 전지를 양산할 계획으로 연구를 진행하고 있다. 2021년 2월 실적 발표회를 통해 이러한 계획을 밝혔다. 유니테스트는 화학연구원 출신 연구자들과 R&D를 진행 중이며, 카이스트, 울산과학기술원, 한국화학연구원 등 학계에서도 활발하게 연구가 이루어지고 있다.

2021년 2월 한국화학연구원 서장원 박사팀은 페로브스카이트 태양전지의 효율을 25.2%까지 끌어올려 『네이처(Nature)』지 표지를 장식했다. 페로브스카이트 태양전지 상용화는 태양전지 가격 하락 및 설치 공간 확대로 이어져 태양전지 보급률을 빠르게 높이는 데 기여할 전망이다. 또한 페로브스카이트 태양전지는 건물일체형 태양광발전시스템에 적합해 건물을 중심으로 한 발전 형태, 즉 BTM 전력 시장에 큰 변화로 이어질 것이다.

최근에는 기존 폴리실리콘을 중심으로 태양전지 제작 산업 체계가 크게 변화할 것으로 전망된다. 태양광 주요 제품인 폴리실리콘, 웨이퍼, 셀 등에서 중국이 70~80% 수준의 시장점유율을 장악하고 있는데 에너지 안보 차원에서 태양광 산업 내 중국의 영향력을 낮추려는 움직임이 가시화되고 있다. 에너지 산업과 빅 데이터의 접점이 점차 넓어지고 있어 태양광 산업 내 중국에 대한 서방 국가들의 견제는 한동안 지속될 것으로 보인다. 이미 산업 보호 차원에서 미국은 중국산 태양광 패널에 반덤핑 과세를 부과하고 있으며, 중국 신장산 제품 수입을 금지하다시피 하고 있다. 향후 유럽 역시 이러한 움직임에 동참할 가능성이 크다고 본다.

페로브스카이트 태양전지는 태양광 산업에서 중국에 대한 의존도를 낮추는 데 중요한 역할을 할 것으로 전망된다. 폴리실리콘처럼 중국에 절대적으로 의존해야 하는 물질이 없기 때문이다. 물론 페로브스카이트 탠덤 전지의 경우 하부 구조에서 실리콘이 여전히 쓰이지만 사용량을 최소화할 수 있고, 향후 페로브스카이트의 효율이 더 높아지면 아예 사용하지 않을 수도 있다. 2020년 10월 미국 에너지 장관은 IHS 세라 위크(IHS CERA week) 인도 에너지 포럼에서 인도가 페로브스카이트 태양전지 제조를 위한 최적의 조건을 갖췄으며 태양광 산업의 중국에 대한 과도한 의존도가 우려된다고 언급하기도 했다.

바이든 행정부가 집권한 직후인 2021년 3월 미국 에너지부는 2030년까지 현재 1kWh당 4.6센트인 유틸리티급 태양전지 원가를 2025년까지 1kWh당 3센트, 2030년까지 1kWh당 2센트로 낮추기 위한 이니셔티브를 발표했다. 총 1억 2,800만 달러가 투입될 예정이며, 특히 페로브스카이트 태양전지와 카드뮴·텔루라이드전지의 기술 발전을 지원할 예정이다. 페로브스카이트 태양전지 현실화가 머지않았다.

Chapter4

성장의 기회 ②
모빌리티 사업 모델의 확장

모빌리티 산업의 중심인 자동차 산업은 규제에 대응하고자 친환경차 기술을 내재화했다. 이를 통해 재생 에너지로의 전환 국면에서 핵심 요소 중 하나인 스토리지를 가장 잘 다루는 산업으로 발돋움할 수 있게 되었다. 스마트 충전을 통해 모빌리티는 에너지 플랫폼의 핵심 역량을 보유한 산업으로 역할이 확대될 전망이다. 특히 모빌리티와 에너지가 연계된 생태계에서 애그리게이터(통합 관리자)의 역할이 중요해지며 전력 시스템 인프라에 대한 투자가 최적화될 것으로 예상된다. 장차 모빌리티 업체는 생태계 전환 국면에서 에너지 플랫폼의 가장 중요한 자리를 차지할 것이다.

전기차 보급 확대와
스마트 충전의 등장

지속 가능한 성장에 기반을 둔 에너지 전환은 산업 생태계의 많은 부분을 바꾸고 있다. 온실가스 감축을 위해 원자력과 화석연료 기반에서 재생 에너지로의 에너지 전환이 이루어지면 과거 중앙집중적 시스템에서 탈피해 지역 기반 소규모 분산형 시스템이 가능해진다.

앞서 우리는 이를 통해 에너지 소비자가 소비에 능동적으로 행동할 수 있음을 확인했다. 에너지 인프라의 소유와 통제의 개념이 넓어지면서 소수의 독과점 사업자를 통해 관리되던 이익은 개별 소비자까지 누릴 수 있게 바뀔 것이다. 즉 일방적인 에너지의 공급과 소비가 아닌 상호적인 '에너지 서비스' 관점에서 생태계가 구성될 수 있다.

화석연료 관련 산업의 경우 자원의 한정성 탓에 효율성의 관점에서 자원을 이해했으며 이 때문에 중앙집중형 발전 시스템이 자리했다. 또한 탄소 기반의 연료로 온실가스 문제를 해결해야 했다. 용도에 따라 응용 분야도 달라지면서 다양한 형태(가스, 가솔린, 디젤 등)로 정제해 활용해야 하는 불편함도 존재했다. 반면 재생 에너지 산업에서는 재생 에너지의 양면성, 즉 무한 자원이지만 간헐성을 띠는 문제를 해결하고자 유휴 전력과 재생 에너지 저장 수단으로 ESS와 수소가 떠올랐다. 이는 화석연료와 달리 효율성 문제에 시달리던 재생 에너지의 한계를 극복하게 했다. 또한 용도와 형태에 상관없이 수소(또는 ESS)를 통한 전력 공급으로 단일화된 응용 분야에 적용할 수 있다.

재생 에너지로의 전환에서 기존 주요 에너지 사용처인 자동차와 연계하면 '재생 에너지-전기차-에너지 저장 장치(ESS)-전력망' 또는 '재생 에너지-수소-수소연료전지차-전력망'으로 이어지는 분산형 전력 시스템으로 생태계가 구축된다. 이는 친환경차 수요 증가와 함께 새로운 성장 모델로 주목받을 것으로 보인다.

재생 에너지 보조금 감소와 글로벌 경제 성장 둔화에도 재생 에너지 기술 발전으로 비용은 낮아지고 용량은 높아지고 있다. 국제재생에너지기구의 에너지 전환 시나리오에서 2050년까지 전기는 최종 에너지 소비의 20%에서 50%로 증가하면서 중심적인 에너지 공급자가 될 것으로 예상된다. 이에 총 전기 소비량은 2배 이상 증가할 것이며, 이를 위해 연간 520GW 이상의 재생 가능 용량이 추가될 것이다. 발전용 재생 에너지 전력의 비중은 비용 감소가 더해지면서 현재

26%에서 2030년까지 57%, 2050년까지 86%로 높아질 것으로 예상된다. 국제재생에너지기구의 2019년 자료에 따르면 2020년에 위탁될 전력용 태양광 발전(PV)과 풍력 발전 프로젝트의 80%가 화석연료 발전보다 전기를 더 싸게 생산할 것으로 전망된다.

재생 에너지 도입으로 저렴해진 전기 에너지 덕에 전기차의 경제성은 좋아지고 수요는 높아질 것으로 예상된다. 하지만 전기차의 증가가 꼭 좋은 것만은 아니다. 재생 에너지 특유의 간헐성 문제 때문에 전력 공급이 전력 수요 대비 과부족을 겪을 수 있다. 여기서 전기차는 재생 에너지의 단점을 보완해주는 스토리지, 즉 전기 저장 장치 역할을 할 수 있다. 전력 시스템은 지속적인 혁신에 기초해 최대의 유연성을 달성해야 한다.

장기·단기 저장 모두 기술적으로 유연성을 확보해야 하므로 고정 스토리지의 양(전기차 제외)을 현재 약 30GWh에서 2050년까지 9천 GWh 이상 확장해야 한다. 보급된 전기차에서 그리드에 사용할 수 있는 스토리지를 포함하면 이 값은 1만 4천GWh에서 2만 3천GWh로 증가한다. 국제재생에너지기구는 전기차의 스마트 충전(smart charging)과 같은 스마트 솔루션이 스토리지 용량과 수요 측면의 유연성을 제공해 VRE(Variable Renewable Energy, 가변 재생 에너지)를 활용한 에너지 전환을 빠르게 촉진할 수 있다고 전망한다.

에너지 전환으로 전기차 시장이 가속되면서 모빌리티 산업에서 주목하는 새로운 성장의 기회는 충전 시장에서 찾아볼 수 있다. 스마트 충전이란 전기차와 충전 인프라가 데이터를 공유하고, 이를 통해 충전 사업자와 데이터로 연결되는 시스템을 말한다. 스마트 충전은 클라우드에 연결되지 않은 기존 충전 장치와 달리 충전소 소유자가 원격으로 기기 사용을 관리 및 제한해 에너지 소비를 최적화할 수 있도록 한다.

또한 클라우드 기반 솔루션을 통해 전기차 스마트 충전 서비스를 수정하거나 기능을 추가 및 제거하고 사용자의 필요에 맞는 시스템으로 쉽게 변경할 수 있다. 기존 충전소에도 새로운 기능을 추가하고 업데이트할 수 있다.

스마트 충전은 그리드, 즉 전력망을 안정화하고 한계 전력 비용을 절감하며 재생 에너지를 활용할 수 있는 충전 기술이다. 스마트 충전을 통해 전기차의 충전 사이클을 전원 시스템의 조건과 차량 사용자의 요구 양쪽에 적응시킬 수 있다. 이는 이동성 요구를 충족하면서 전기차의 통합을 용이하게 한다. 스마트 충전으로 송전망에 연결된 전기차는 송전망과 공생 관계를 형성할 수 있다. 전기차 스마트 충전은 더 많은 태양광과 풍력을 사용하는 유연성을 확보해, 클린 모빌리티와 재생 에너지를 활용한 전기 에너지와의 시너지를 끌어낼 수 있을 것이다.

한편 스마트 충전에서는 전력 피크 시간대에 영향을 최소화할 수 있다. 일반적으로 전기차는 완충에 필요한 시간보다 오래 주차된 경우가 많다. 이에 태양광 발전으로 생산한 전력이 풍부한 늦은 아침과 오후에 충전을 유도해 전력 수요 균형을 맞출 수 있다. 여기에는 야간 풍력 생산에 따라 가변적으로 충전을 조절할 수 있는 야간 충전 시

· 스마트 충전의 다양한 형태 ·

스마트 충전의 발전된 형태
· 제어 기능 탑재 및 동적 가격 책정
· 단방향 → 양방향 제어

전기차

V1G=단방향 제어 충전
· 차량 혹은 충전 인프라가
충전 속도 조정

V2H·V2B=차량 대 가정·건물
· 자동차가 가정·건물의
전력 공급자 역할(양방향 제어)

V2G=차량 대 그리드
· 스마트 그리드가 차량 충전을 제어하고
그리드에 전기 공급(양방향 제어)

자료: 저자 작성

스템도 포함된다. 충전소의 에너지 사용량과 현장 내 연결된 다른 전력 소모 기기와의 균형을 안전하게 유지하고 가용 용량에 맞춰 전기차 충전 시간과 속도를 유동적으로 조절한다.

이에 따라 스마트 충전은 전력망 보강 총비용의 10%로 피크 시간 대에 일시적으로 발생하는 첨두부하를 현저히 줄이고, 첨두 발전(전력 공급이 부족할 때 가동하는 발전 방식)을 피할 수 있는 것으로 알려져 있다. 전력 소비 패턴을 분석해 차량 충전에 필요한 전력을 피크 시간 대를 피해 이용할 수 있게 하며, 그리드의 전력 사용 피크가 평탄해지도록 기여한다. 이러한 스마트 충전 없는 전기차의 대중화는 그리드에 부담이 될 수밖에 없다.

현재 스마트 충전은 관리 주체에 따라 사용자 관리 충전(UMC; User-Managed Charging)과 공급자 관리 충전(SMC; Supplier-Managed Charging)의 두 가지 시스템으로 나뉜다. 사용자 관리 충전(UMC)은 계시별 요금제(time-of-use tariff)가 적용되며 고객은 가격과 필요에 따라 충전 시기를 결정한다. 요금제에 따른 전기차 충전에서는 주로 전력 피크 시간대를 피하며 전기 가격이 하락하는 시점에 충전을 집중하는 경향이 있다. UMC는 제어되지 않은 일반적인 전기차 충전 방식과 비교해 전기 요금 규정에 따라 전력 피크 시간 이후로 지연해 충전하도록 설계되어 있다.

공급자 관리 충전(SMC)은 실시간 에너지 생산, 지역별 에너지 소비, 인근 전기차 및 기타 전기 장치와 충전소의 충전 상태 등 여러 데이터를 기반으로 충전과 방전 결정을 내린다. 충전은 전력 피크 시간을 피하도록 이루어져 있다. 전기차 충전이 집중되는 시간은 실시간 전력 수요 상황에 맞게 자체 조정할 수 있다.

또한 스마트 충전은 네트워크의 방향에 따라 단방향 제어 방식인 V1G(unidirectional controlled vehicle to grid)와 양방향 제어 방식인 V2G(bidirectional controlled vehicle to grid)로 나뉜다. V1G의 경우 UMC 시스템에서 전기차 소유자가 충전 시기와 충전 속도를 조정해야만 보상을 받을 수 있다. 즉 차량의 단방향 제어로 간주된다. 시간에 대한 전기 가격은 단순한 인센티브의 한 형태다.

V2G는 SMC 네트워크를 통해 충전 결정 외에도 전력 피크 시간에 지역 전력 수요를 충족하거나 전기 수요에 대한 압력을 완화하기 위

해 방전할 수 있다. V2G는 대개 전력 피크 시간대에 고객에게서 전력을 구매할 수 있는 스마트 충전 방식이자 유틸리티·전송 시스템이다. 방전은 전력 범위를 확장함으로써 그리드에 추가적인 유연성을 제공하며 전력 생산의 최고점을 줄일 수 있다.

스마트 충전 시스템은 특정 기간 사용할 수 있는 에너지를 최적으로 사용한다. 이 시스템에서 전기자동차, 충전소 및 충전소 운영자는 자신의 실시간 데이터를 공유한다. 이러한 데이터 연결을 통해 주어진 시간에 얼마나 많은 에너지와 전력이 필요한지 알 수 있다. 이를 기반으로 에너지 수요를 모니터링하고 충전소와 각각의 충전 지점에 에너지를 얼마큼 활용할지 계획할 수 있다.

일반적으로 퇴근하고 귀가한 직후 전기차를 꽂으면 충전이 바로 시작된다. 이렇게 우선 충전된 자동차는 자정에 배터리가 완전히 충전되면 충전 지점과 연결된 상태를 유지하며 아무것도 하지 않는다. 통상 충전이 시작되는 순간 에너지 수요는 최고조에 이른다. 에너지 공급자는 그 순간 최대량의 에너지를 공급할 필요가 있다. 하지만 모든 전기차 이용자가 같은 생각을 하진 않을 것이다. 갑자기 어딘가로 가야 한다면 전기차가 최소한 조금이라도 충전되어 있기를 원한다. 이에 사용자는 앱을 통해 전기차를 20%까지 바로 충전했다가 나머지 80%의 충전 용량은 다음날 출근 시간 전까지 완료해달라고 요청할 수 있다.

충전 시스템은 에너지 수요가 높을 때를 알고 있으며, 그 시간 동안 전기차를 충전하지 않을 것이다. 에너지 수요가 낮을 때 전기차의 충전이 시작될 것이다. 이렇게 하면 평균 전력이 제한되기 때문에 에너지 공급자와 지역 전기 그리드의 용량 의존도를 낮출 수 있게 된다. 이것을 피크 셰이빙이라고 한다. 특정 시기에 에너지 수요를 집중하기보다 넓은 범위의 시간대에 맞춰 수요를 분산시킬 수 있다.

이처럼 전기 이동성과 연계한 스마트 충전 사업은 여러 가지 장점을 제공해준다. 스마트 충전은 전기차 대중화로 인한 전력 수요 피크 부작용을 완충할 수 있으며, 전기차와 송배전망을 연결하고 전력 거래를 통해 분산형 전력 시스템의 유연성을 확보한다. 스마트 충전 인프라의 확대는 재생 에너지와의 상호 보완을 통해 효율적인 에너지 활용을 제공할 수 있을 것이다.

한국은 한국전력 전력연구원 주도로 지난 2020년 8월 전기차 스마트 충전 실증사업을 시작했다. 산업통상자원부, 에너지기술평가원의 지원으로 한국전력 전력연구원이 총괄 수행하는 'EV의 수요자원화를 위한 VGI 통합제어기술 개발 및 V2G 실증' 과제의 일환이며 현대자동차, 한국자동차연구원 등이 참여하고 있다. VGI는 전기차·전력망 통합 시스템(Vehicle Grid Integration)을 일컫는다.

실증하게 될 스마트 충전의 형태는 시간대에 따라 충전 속도가 달라지는 V1G 타입이며 2020년 8월부터 2022년 7월까지 24개월 동안 진행될 예정이다. 설정한 시간대 이내에 목표 충전량까지 충전하면서도 전력 피크 시간과 수요가 높은 시기를 피한다. 이 사업은 궁극적으로 양방향 제어 방식인 V2G 달성을 목표하고 있다.

V2G와 관련한 실증사업 또한 진행되고 있다. 2009년부터 한국전

력 주도로 제주도 스마트 그리드 실증 단지 내 V2G 충전소, 2015년 산업자원부 주도로 V2G 실증용 전기차 충전소 설립(광주과학기술원, 서울대학교), 2017년 KT 주도로 경기도 성남시 분당구를 V2G 테스트 베드로 선정해 전력 수요 관리 실증사업을 진행했다. 현대모비스는 2015년 한국전력이 추진하는 V2G 실증사업에 참여해 2017년 국내 최초 전기차 탑재형 양방향 충전기(bi-directional on board charger) 개발에 성공했다.

중국 국영 전력 회사인 국가전망공사 발표에 따르면, 중국 전역에는 2020년 8월 말 기준 75.6만여 개소의 전기차 스마트 충전소가 있으며 전체 충전소 중 88%에 달한다. 또한 2020년 내 100만 개소, 2025년 1,120만 개소 이상의 전기차 충전소 설치를 목표로 하고 있다. 중국 정부의 신 인프라 투자 정책에 발맞춰 충전소당 전기차 비율이 빠르게 줄어들고 있다.

스마트 충전의
현재와 미래

에너지 전환과 모빌리티 산업은 상호 작용을 하며 역할이 커질 것으로 기대된다. 특히 스마트 충전은 낮아진 재생 에너지 가격과 함께 탄소 배출량을 줄이고 전력의 유연성을 통해 재생 에너지 단점을 극복하는 데 기여할 것이다.

재생 에너지 발전단가는 지난 10년 동안 기술, 규모의 경제, 경쟁력 있는 공급망, 개발자 경험의 증가로 인해 급격히 떨어졌다. 2010년과 2019년 사이에 전력용 태양광 발전의 전기 비용이 82% 하락했다. 새로운 태양광과 풍력 발전 프로젝트는 경제성은 높으나 유지 가능성은 떨어지는 기존 석탄 화력 발전소의 영역을 축소하고 있다.

국제재생에너지기구에 따르면 기존 500GW 규모의 석탄 화력 발전소를 새로운 전력용 태양광 발전 및 육상 풍력으로 교체하면서 연간 최대 230억 달러의 운영 비용이 절감되었고, 이산화탄소 배출량은 연간 약 1.8Gt 감소했으며(2019년 전 세계 총량의 5%), 세계 GDP의 1%에 해당하는 9,400억 달러 규모의 경기 부양 효과를 창출했다. 재생 에너지 확대와 함께 전기차의 대중화가 도시화로 인한 사회적 비용을 줄인 셈이다. 대기 및 소음 공해 저감, 수입 연료 의존도 축소, 도시 이동성 대안 제시가 그 결과물이다.

전기차는 잠재적으로 지역 전력 그리드와 연결되면 전기를 저장하는 장치(스토리지)로 시스템에 광범위한 서비스를 제공할 수 있을 것이다. 유휴 전력은 친환경차의 수소 탱크, 배터리 용량과 결합된다. 또한 스마트 충전으로 방전 또는 충전된 전기차는 VRE 출력 제어 및 배출량 감소, VRE 생산의 현지 소비량 개선, 첨두 발전 용량에 대한 투자 방지 및 그리드 강화 요구 완화에 도움이 될 수 있다.

재생 에너지의 발전단가 하락과 전기차 보급의 확대는 전력 사업에서 유연성을 제공하는 한편 새로운 기회도 제공한다. 전기차에 대한 스마트 충전 기술 혁신은 기술뿐만 아니라 비즈니스 모델과 규제에까지 걸쳐 있다. 먼저 네트워크 혼잡을 피하면서 다양한 종류의 에너지원을 혼합해 사용하는 에너지 믹스에서 재생 에너지의 비율을 높일 수 있다.

인프라에 대한 경제적 매력이 생긴다면 스마트 충전 대중화는 더욱 빨라질 것이다. 2025년까지 유럽의 도로 위를 달리는 전기차의

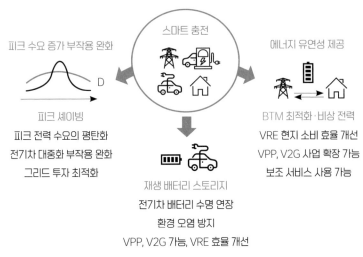

· 스마트 충전의 긍정적 효과 ·

스마트 충전

피크 수요 증가 부작용 완화

피크 셰이빙
피크 전력 수요의 평탄화
전기차 대중화 부작용 완화
그리드 투자 최적화

에너지 유연성 제공

BTM 최적화 · 비상 전력
VRE 현지 소비 효율 개선
VPP, V2G 사업 확장 가능
보조 서비스 사용 가능

재생 배터리 스토리지
전기차 배터리 수명 연장
환경 오염 방지
VPP, V2G 가능, VRE 효율 개선

자료: 저자 작성

배터리 저장 용량은 EU의 시간당 국가 정격 용량의 1/3 이상이 될 것으로 전망된다. 또한 앞서 살폈듯이 스마트 충전으로 피크 시간대 전력을 저감하는 피크 셰이빙이 가능해진다. 이를 통해 전력망 혼잡을 막고 남은 전력을 보조 전원으로 이용할 수 있다.

특히 스마트 충전이 전기차 대중화로 인한 전력 수요 증가 부작용을 완화할 수 있다는 점에 주목해야 한다. 특정 시간대에 제어되지 않는 무분별한 전기차 충전은 배전망에 대한 스트레스를 높이고 첨두부하를 증가시킬 위험이 있다. 또한 최대 전력 수요 관리가 어려워진다. 총전력 수요의 증가 폭이 크진 않을 수 있으나 특정 시간대의 첨두부하 증가에 대응하려면 대규모 국가 전력망 강화 투자가 필

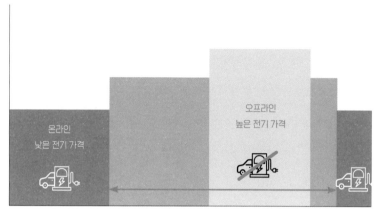

· 스마트 충전 중 하나인 계시별 요금제와 피크 셰이빙 ·

온라인
낮은 전기 가격

오프라인
높은 전기 가격

12PM 1PM 2PM 3PM 4PM 5PM 6PM 7PM 8PM 9PM 10PM 11PM 12PM 1AM 2AM 3AM 4AM 5AM 6AM 7AM 8AM 9AM 10AM 11AM 12AM

■ 낮은 수요　■ 수요 부분적 피크　■ 수요 피크

요할 수 있다. 따라서 수요 변동 폭에 따라 가격을 결정하는 동적 가격 책정과 디지털 기술을 통해 충전 주기를 조정하는 스마트 충전 접근법이 매우 중요해질 것이다. 국제재생에너지기구에 따르면 스마트 충전으로 국가와 전력망 조건에 따라 전기차 충전에 필요한 배전망 투자 비용을 40%에서 최대 90%까지 줄일 수 있을 것으로 분석된다.

그리고 스마트 충전을 통해 BTM 최적화 및 비상 전력 활용이 가능해진다. 스마트 충전의 보급으로 전력망에 대한 의존도가 낮아지면 전력 비수기에 송전망에서 저비용 전기를 구입해 전기 요금이 더 높은 저녁 시간 등에 주택 공급에 사용함으로써 역내 생산되는 재생 에너지의 자가소비를 늘릴 수 있다.

앞서 설명한 스마트 충전 방식을 통해 다시 한번 살펴보자. 단방향 제어 방식인 V1G의 경우 사용자는 전기 수요가 적고 가격이 낮은 구간에서 집중적으로 충전하기 때문에 충전에 드는 비용을 아낄 수 있다. 공급자 또한 전기 공급가격이 저렴한 시점에 전력을 집중적으로 사들여서 수익성을 높일 수 있다. 전기 수요가 분산되어 첨두 발전 비용이나 인프라 투자 비용을 절감할 수 있다는 점 또한 다시 살펴볼 필요가 있다.

차량이 다른 사물과 정보나 자원을 교환하는 기술을 일컫는 V2X(차량사물통신, Vehicle to Everything)에서 집과 빌딩을 뜻하는 V2H(Vehicle to Home)와 V2B(Vehicle to Building)에 스마트 충전을 적용해보자. 가정용이나 건물용 전력 수요가 몰리거나 비상 전원이 필요한 시점에 근처에 주정차 중인 전기차의 배터리에 저장된 에너지를 활용할 수 있다. 반대로 전기 가격이 낮은 시점이나 가정용·건물용 재생 에너지 발전 전력(예를 들어 태양광)이 초과 공급되는 구간에서는 차량에 이를 저장해놓고 활용할 수 있다는 점도 생각해볼 수 있다.

가정에서는 ESS를 따로 구비할 필요 없이 차량용 배터리를 활용할 수 있다는 점에서 자동차의 효용 가치가 높아질 것이다. 또한 건물에서는 충전된 전기를 방전시켜 건물에 공급해주는 대가로 주차비를 대신하거나 반대로 전기 이용료를 받는 등 부수적인 이익을 기대할 수 있다.

마지막으로 폐전기차의 배터리를 재활용해 전기 저장 장치로 쓰면서 환경적 부작용을 완화하고 에너지 유연성을 동시에 확보할 수 있다. 일반적으로 전기차의 배터리 성능이 초기 용량의 70~80% 수준으로 떨어지면 일일 주행거리에 활용하기 어려워 교체하게 된다. 하지만 성능이 저하된 전기차 배터리라도 ESS에 충분히 적용할 수 있으며 차량에서 분리한 후 재생할 수 있다. 통상적으로 전기차 배터리 재생을 통해 배터리 수명이 최대 10년 연장된다.

전기차 대중화가 빨라질수록 잠재적으로 활용할 수 있는 2차전지 수와 용량은 증가할 것이다. 차량에서 분리되어 고정형 스토리지 역할을 하게 될 배터리는 전력 시스템 변환과 분산형 전력, VPP 등 다양한 곳에 도움을 줄 수 있다.

BTM의 최적화와 비상 전원 활용, 재생 배터리 활용 사례와 같이 스마트 충전은 전력 시스템과 지역에 유연성을 제공할 것으로 전망된다. 시스템 수준에서는 전력 도매 시장에서 균형을 용이하게 한다. 앞서 언급한 대로 전기차 충전 패턴을 제어하고 피크 수요를 평탄화해 전력망의 실시간 균형을 지원하게 된다. 또한 송전망에 전기를 다시 주입해 전기차는 송전 시스템 운영자에게 보조 전원을 제공할 수 있게 된다. 지역 수준에서 스마트 충전은 배전 시스템 사업자가 고객의 에너지 소비량을 관리하고 재생 전력 소비율을 높이는 데 도움이 될 수 있다.

태양광 재생 에너지를 기반으로 스마트 충전에 대한 장단기 효과를 분석한 보고서에 따르면 V1G 전환만으로 단기적으로 많은 긍정적인 효과가 있었다. 온실가스 배출량 전망치(BAU) 대비 연간 첨두부하가 3% 낮아지고, 전력의 한계비용과 이산화탄소 배출도 5% 감소했다. V2G 전환 시에 연간 첨두부하는 4%, 전력 한계비용은 13%, 이산화탄소 배출은 2% 낮아짐을 확인할 수 있었다. 장기적으로는 V2G의 한계비용과 이산화탄소 배출 경감 효과가 매우 커질 것으로 전망된다.

e-모빌리티 시장에서
기회를 잡아라

재생 에너지로의 에너지 전환이 빨라지는 만큼, 모빌리티 시장에서 CASE로의 전환도 가파르게 전개되고 있다. 특히 전동화 전환에 따른 전기차 기반의 e-모빌리티(e-Mobility) 생태계를 살펴보면 기존의 완성차 업체와 같은 전통적인 플레이어뿐 아니라 에너지 분야의 새로운 플레이어까지 활발하게 진출하고 있음을 확인할 수 있다.

아무래도 화석연료 기반의 에너지 체계에서 재생 에너지로 전환되면서 에너지 저장·운반·유통 체계의 변화로 새로운 밸류 체인이 주목받는 탓도 있을 것이다. 또한 스마트 충전을 통해 친환경차의 에너지 저장 능력을 바탕으로 에너지 2차 유통에 대한 새로운 사업 모델도 구상할 수 있다. 이러한 생태계의 대표 격인 테슬라 외에도 통합 모빌리티 회사가 등장하고 사업 모델이 구체화되면서 이러한 요인이 e-모빌리티 시장의 변화를 주도하고 있다.

e-모빌리티 생태계에는 젠카(Zen Car), 볼로레(Bolloré)의 블루인디(BlueIndy) 같은 e-모빌리티 공유 서비스 제공업체, 전기차 전용 충전소 개발업체, 충전소 운영자, 데이터 관리자, e-로밍(e-Roaming) 플랫폼 업체 및 고급 그리드 서비스(V2G, 애그리게이터 등) 제공업체가 밸류 체인을 형성하고 있다.

대표적인 e-모빌리티 생태계 참여자

- 전기차 제조업체: 대다수 차량은 리스 판매, 버스와 같은 대중교통 수단에는 공공 조달 필요
- 모빌리티 서비스 제공업체: 카 셰어링, 멀티모달 모빌리티, 선대 관리, 전기 모빌리티 서비스 제공, 운전자·선대 관리자 및 충전소 데이터 수집·분석 포함
- 전기차 전기 판매 업체: 전기 소매 및 충전 인프라 공급자에 의한 재판매
- 충전 인프라 설치 및 유지 관리 업체
- 충전소 운영자: 스마트 충전·데이터 관리·청구 등
- e-로밍 플랫폼 업체: 지역·국가 충전 독립성뿐 아니라 충전 서비스의 상호 운용성 확보가 핵심
- 애그리게이터(통합 관리자) 및 V2G 같은 고도화된 그리드 서비스 제공업체

그동안 시장은 전기차 제조업체나 모빌리티 서비스 업체를 주목해왔다. 누가 전기차를 가장 잘 만드는지, 누가 가장 많이 판매하는지에 환호하고, 이를 활용해 어떠한 사업 모델을 접목할지에 관심을 기울였다. 카 셰어링이나 전동 킥보드 같은 멀티모달 모빌리티(multimodal mobility, 복합운송 모빌리티), 대규모 차량의 선대(fleet)를 통한 운송 서비스 관리 사업, 선대 관리나 충전소 데이터 수집·분석을 통한 연계 서비스 구체화가 대표적인 예다.

자동차 제조업체 또한 e-모빌리티 시장에서 새로운 사업 확장 기회를 찾고 있다. 주행거리 확대, 스마트 인포테인먼트, 자율주행 등 상품의 경쟁력을 높이는 전략에 주력하고 있다. 반면 에너지 유틸리티 업체들은 충전 인프라 설치 및 운영으로의 전환을 모색하고 있다. ICT 기술과 에너지 생산·소비가 연결되는 스마트 에너지와 전기 충전소 확대, 전력 판매 방법에 대한 다양한 전략을 모색하는 중이다. 석유와 가스 분야의 에너지 회사들도 지속 가능한 이동성으로의 전환을 준비하고 있다.

전기차 보급이 빠르게 증가하고 있는 유럽에서는 친환경차와 연계한 다양한 사업 모델을 주목하고 있다. 모빌리티 서비스, 전기차 충전 인프라, e-로밍, 에너지 사업 등 영역도 무궁무진하다. 앞서 언급한 대로 2025년까지 유럽의 도로 위 자동차 배터리 전기 저장 용량은 EU의 시간당 국가 정격 용량의 1/3이 넘을 것으로 전망된다. 여기에서 e-로밍은 다양한 충전 사업자의 회원, 결제 정보를 통합·관리하는 기술을 통해서 전기차 이용자가 가입 여부에 따른 불편함 없

· 공공 전기자동차 충전 동향(유럽에서의 비즈니스 모델 진화) ·

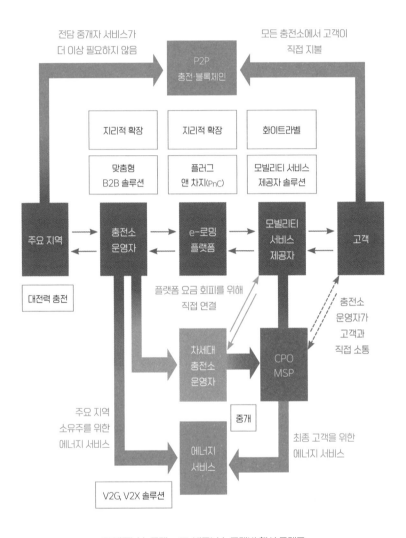

전담 중개자 서비스가 더 이상 필요하지 않음

모든 충전소에서 고객이 직접 지불

P2P
충전·블록체인

지리적 확장

지리적 확장

화이트라벨

맞춤형
B2B 솔루션

플러그
앤 차지(PnC)

모빌리티 서비스
제공자 솔루션

주요 지역

충전소
운영자

e-로밍
플랫폼

모빌리티
서비스
제공자

고객

대전력 충전

플랫폼 요금 회피를 위해
직접 연결

충전소
운영자가
고객과
직접 소통

차세대
충전소
운영자

CPO
MSP

주요 지역
소유주를 위한
에너지 서비스

중개

최종 고객을 위한
에너지 서비스

에너지
서비스

V2G, V2X 솔루션

■ 비즈니스 모델   □ 비즈니스 모델별 핵심 트렌드

자료: 한국전력공사, ADL

부를 위한 기회, 에너지 전환과 모빌리티 투자

이 주거래 충전 서비스를 통해 정산할 수 있는 서비스를 말한다.

따라서 단순히 전기차를 이동 수단으로 치부할지, 재생 에너지를 담아두는 스토리지로서 전력망에 활용할지에 대한 고민도 활발하다. 규제와 부양책으로 친환경차 보급이 급속히 증가하면서 전력망에 부담을 줄 전기 수요의 효과적 분배라는 과제가 떠올랐다. 이에 따라 OEM이나 정부가 보급된 전기차를 단순한 모빌리티로 활용할 것인가 아니면 탑재된 배터리의 총량을 전력망의 '잠재적 스토리지'로 활용할 것인가에 대한 질문의 대답은 매우 자명하다.

대표적인 예로 V1G, V2H·V2B, V2G 등 스마트 충전과 관련한 사업 모델을 들 수 있다. 현재 e-모빌리티의 밸류 체인을 살펴보면 전기차 제조에서 모빌리티 서비스, 충전 서비스 사업, e-로밍, V2G 나 애그리게이터 등 고도화된 전력망 서비스 영역까지 폭넓게 걸쳐 있다. 전기차 제조 판매부터 충전 서비스와 고도화된 전력망 서비스(예를 들어 슈퍼차저, 스마트홈, VPP 등)를 포괄한 사업 모델을 보유한 업체는 테슬라가 유일하다.

테슬라는 단일 전기차·인프라 플랫폼으로 e-로밍은 필요가 없으나, 타사 전기차 충전을 자사의 충전 시스템을 통해 구현한다고 하니 해당 서비스 론칭도 기대해볼 만하다. 테슬라를 제외하고 대다수 업체는 자신이 속한 밸류 체인 하에서 각각의 생태계 요소로 자리 잡고 있다. 대다수의 완성차 업체는 전력 사업자나 개별 서비스 업체가 가진 장점을 공유하기 위해 충전 인프라 구축과 운영을 위한 연합을 형성하고 있다.

· e-모빌리티 밸류 체인 하에서 전략적 포지셔닝 ·

현재 e-모빌리티 생태계 밸류 체인: 시장 참여자들의 예				
	전기차 제조 및 모빌리티 서비스 업체	충전 서비스 업체 (설치·관리·운영 등)	e-로밍 업체	고도화 서비스 (V2G, 통합 관리: 전기차 + 태양광+전기 저장 사업 연계 등)
	TESLA	→		· 슈퍼차저 · 스마트홈
O E M	RENAULT, BMW, NISSAN, VW, OPEL, BYD	완성차 업체의 합자 회사, 파트너십 전략(정부 등) BMW, Ford, NISSAN, BMW, Ford, Mercedes-Benz, Audi, Porsche, VW	e-로밍, e-로밍 주도권 **HUBJECT** BMW, BOSCH **SIEMENS**	· 스마트홈 확장 · 저장 장치 집합 중개 · 에너지 관리 · 배터리 스와핑 RENAULT, NISSAN
전력사업자	완성차 업체와 차량 공유업체 간 파트너십	e·on, VATTENFALL, EnBW, Fortum, enel, Elaadnl, STATE GRID, innogy	ROEV ASSOCIATION BMW, NISSAN **EVgo** -chargepoint-	· 스마트홈 확장 · 저장 장치 집합 중개 · 에너지 관리 **RWE** enel
독립서비스제공업체	교차 판매·완성차 업체 간 파트너십	Schneider Electric, BOSCH **EVBOX** **FASTNED** -chargepoint- allego	대안사업자 PlugShare plugsurfing	NUVVE

완성차-스마트 충전-전력망 서비스 영역에 걸쳐 있는 테슬라 vs. 기존 OEM의 연합 구도와 사업 영역 확장 vs. 유틸리티 업체와 독립 서비스 업체의 진출 → 에너지 전환 아래 자동차에서 에너지 사업으로 영역 확대

자료: 국제재생에너지기구

이 인포그래픽에서 완성차와 스마트 충전, 고도화된 전력망 서비스까지 영역을 확장한 테슬라와 기존 완성차의 연합 구도가 가장 먼저 눈에 들어온다. 완성차와 이종 산업 간 연합으로 형성된 사업 영역 확장, 유틸리티 업체와 독립 서비스 업체의 모빌리티 산업 진출로 e-모빌리티 생태계는 점차 넓어지고 있다. 에너지 전환 하에서 모빌리티 산업이 에너지 산업으로 영역을 확대하고 있다는 점을 실감할 수 있는 부분이다.

V2G를 통하면 에너지 소비자도 에너지 생산자가 되어 수익을 낼 수 있다. V2G는 시스템의 전기화를 촉진하고 전기의 수익화 (monetizing)를 가능하게 한다. 전기차 이용자는 스마트 충전을 통해 피크 시간대를 피해 전기차 충전 비용을 아낄 수 있으며, V2G를 통해 전력 수요가 집중되는 시점에 전기차 배터리에 저장된 전력을 다시 전력망으로 흘려보내 저렴하게 충전한 전기 가격과 피크 시간대 높아진 전기 가격의 차이로 수익을 낼 수 있다. 전기차 배터리는 전력망 안에서 개별적인 저장 수단, 즉 스토리지로 활용되어 전력 수요가 몰리는 시간대에 전력망에 내보내면 전력 재판매를 통해 수익을 극대화할 수 있다.

2018년도 환경부 기준 국내 전기차 충전소는 총 8,693개소이며, 그중 급속은 2,709개소, 완속은 5,984개소다. 충전 사업은 환경부 산하의 공공기관인 한국환경공단과 지자체 외에도 8개의 민간사업자가 운영하는 중이다. 이처럼 다양한 사업자 간 운영 프로토콜과 표준이 서로 다르기 때문에 전산 통합을 통한 충전 서비스가 필요하다.

이는 지역별·국가별 충전 독립성뿐 아니라 충전 서비스의 상호 운용성을 확보하는 데 핵심적인 사업 모델이라고 할 수 있다.

VPP 사업을 통한 애그리게이터의 영역 확장

디지털화가 확산되고 지능적이고 정확한 전력 계측이 가능해지면서 V2G를 활용한 새로운 비즈니스 모델이 새롭게 떠올랐다. 그중 애그리게이터는 전력망의 총 전력 수요에 따라 소비자 그룹의 전력 소비를 조절하는 새로운 유형의 에너지 서비스 제공업체다. 또한 분산형 에너지 자원의 사용을 최적화할 수 있으며, 소비자가 이러한 전기 서비스에서 이익을 얻도록 하는 것을 목적으로 한다.

애그리게이터는 그리드 서비스를 제공하는 동시에 고객의 가치를 극대화한다. 앞서 살펴본 대로 분산형 에너지 자원은 배전망에 연결된 중소형 전력 자원이다. 애그리게이터는 이러한 분산형 에너지 자원을 전력이나 서비스 시장에서 가상발전소(VPP)로 참여시키기 위해 하나의 에너지원으로 묶게 된다. 중앙집중화된 IT 시스템을 통해 분산형 에너지 자원을 원격으로 제어하고 운영을 최적화할 수 있다. 이를 통해 피크 시간대 전력 분산, 전력 균형 유지, 배전 시스템 유연성 확보가 가능하다.

현재 VPP 사업이 규제적으로 허용된 국가는 호주, 오스트리아, 벨기에, 독일, 덴마크, 프랑스, 네덜란드, 영국, 미국 등이다. 2016년 기준으로 집계한 VPP의 시장 가치는 7.62억 달러이며 2023년까지 연평균 25.9% 성장하며 45.97억 달러에 이를 것으로 전망된다. 세계 최대 VPP는 앞서 소개한 호주 사우스오스트레일리아주로서 5만 가구의 분산형 에너지 자원을 연결해 일일 전력 수요의 20%를 충족하는 규모에 이를 것으로 예상된다. 네덜란드, 독일, 호주의 프로젝트들은 그리드 서비스 제공을 위해 BTM 배터리를 통해 분산형 에너지 자원을 연결하고 있다.

VPP 사업을 위해서는 스마트 미터와 발전 시스템 네트워크, 전기 저장 장치인 배터리 스토리지, 컴퓨터 제어 시스템이 필요하다. 스마트 미터는 가정의 옥상 태양광 전지와 배터리를 제어하고 전력 흐름 측정을 지원하는 역할을 한다. 발전 시스템 네트워크는 공공주택마다 설치된 옥상 태양광 발전을 네트워크로 묶을 뿐 아니라 주택과 주택 사이 또는 주택과 전력망 사이에 데이터와 전력이 이동할 수 있는 통로를 마련해준다.

테슬라 파워월과 같은 배터리 스토리지는 BTM, 즉 자가발전에서 전력의 저장과 방전에 활용되고 전력망의 유연성을 제공할 뿐 아

· VPP 사업 개요 ·

VPP 사업 필수 구성 요소	
스마트 미터	• 가정의 옥상 태양광 전지와 배터리를 제어하고 전력 흐름 측정을 지원
발전 시스템 네트워크	• 공공주택마다 설치된 옥상 태양광 발전 시스템 네트워크 • 주택 간, 주택과 그리드 간 데이터와 전력 이동 가능
배터리 스토리지	• BTM에서 전력 저장 및 방전에 활용(예: 테슬라 파워월) • 전력망 내 유연성을 제공하고 전력 거래에 활용할 에너지를 저장
제어 시스템	• 주택과 전력망 사이 재생 에너지 또는 배터리 스토리지의 전력을 저장·사용·전송하도록 제어
VPP로 가능한 서비스	
분산형 에너지 자원의 예측·거래	• 전력 시스템 구성 요소별(소비자, 생산자, 프로슈머 등) 그룹화로 전력 시스템 시장(도매 및 소매)에 관여하거나 사업자에게 서비스를 판매할 때 단일 요소로 활동 • 최소·최대 용량, 램프업·램프다운 같은 표준 속성을 가진 전통적 발전소와 같이 동작하고, 전기 또는 보조 전원을 판매하는 시장에 참여하고자 분산형 에너지 자원을 집계
분산형 에너지 자원의 최적화	• 중앙정보기술(IT) 시스템으로 제어됨. VPP에 포함된 분산형 에너지 자원의 운용 최적화를 위해 일기예보, 도매 시장의 전기 요금, 전반적인 전력 수급 및 소비 동향과 관련된 데이터를 처리 • 수요·공급 측면의 유연한 전력을 전력망에 제공해서 재생 에너지 믹스 확대에 도움 • 수요 측면에서는 수요 대응 에너지 저장 단위를 통합해 그리드 요건에 부합하도록 제공 • 공급 측면에서는 열병합(CHP), 바이오가스 플랜트 등 자원에서 발전 최적화, 에너지 저장
예비 전력 제공	• 부하 이동, 필요할 시 전력망에 전력을 제공

자료: 산업자료

니라 전력 거래에 활용할 에너지를 저장할 수 있게 한다. 마지막으로 컴퓨터 제어 시스템은 주택과 전력망 사이 재생 에너지와 배터리 스토리지 전력의 저장·사용·전송을 제어하는 역할을 한다.

애그리게이터의 VPP 사업을 통해 분산형 에너지 자원의 예측 및 거래가 가능하고, 전력 현물 시장에서 사전 가격 결정에 따라 분산형 에너지 자원의 분배를 최적화할 수 있다. 또한 송전 관리자(또는 배전 관리자)에 예비 전력을 제공할 수 있게 된다.

애그리게이터에서 VPP를 활용하면 부하 이동(load shifting), 전원 균형, 분산형 에너지 자원 시스템에 도움을 얻을 수 있다. 또한 전력의 한계비용을 경감시켜 전력 시스템 인프라 투자를 최적화한다. 상용·산업용 전력 부하를 실시간으로 이동시켜 가격 신호에 기반한 수요 관리 서비스를 그리드 사업자에게 제공할 수도 있다. 네덜란드의 파워 매처2 슈트(PowerMatcher2 Suite)로 실시한 현장 실험 결과 열병합 시스템(지역 CHP 및 히트 펌프)을 관리하면 전력 피크 수요를 30%에서 35%까지 줄일 수 있었다. 이는 유통 및 전송 그리드 인프라에 대한 투자를 늦추는 사례가 된다.

애그리게이터는 최적화 플랫폼을 사용해 다양한 보조 전원을 제공할 수 있으며, 가변 재생 에너지(VRE) 자원을 통합하는 시스템의 유연성을 높일 수 있다. 저녁에 해가 진 후 발생하는 램프용 전력이나 기타 가변적으로 발생하는 출력의 부담을 완화하는 것이다. VPP는 램프용 전력 외에도 다양한 보조 전원을 제공할 수 있다. 독일의 VPP인 넥스트 크라프트베르케(Next Kraftwerke)는 하루에도 20번씩

위아래로 전력이 이동한다.

발전소는 현물 시장의 현재 가격을 기준으로 15분 단위로 제어할 수 있기 때문에 송전 운영자는 예비 전력의 제어를 통해 이익을 얻는다. 발전소는 평균 1.2MW의 전기 용량을 제공하는 반면, 설치 용량은 거의 4MW에 이른다. 스토리지를 통해 발전소의 유연성이 추가되면 풍력 및 태양광 등 가변적인 재생 에너지의 간헐성을 보강하는 데 도움이 될 수 있다.

한편 지역별 전력 시장이 있으면 애그리게이터가 유통 시스템 운영자 수준에서 유연성을 제공할 수 있다. 소량의 전력 수요를 충족하고자 대규모 발전소를 전력 공급에 사용하지 않아 전력의 한계비용을 줄일 수 있어서다. 전력 피크 수요를 위해서는 화석연료 발전소를 가동하는 대신 VPP를 활용해 재생 에너지나 배터리 스토리지 등 분산형 에너지 자원을 활용하는 것이 낫다. 또한 장기적으로 분산형 에너지 자원 기술과 충전된 배터리를 통해 기존 발전소를 대체할 수도 있다.

정리하자면 애그리게이터는 분산형 에너지 자원을 연결·제어하고 필요할 때 보조 시장에 참여해 실시간 운영 예비 전력을 확보할 수 있다. 이것은 분산형 에너지 자원의 소유주에 대한 경제적 수익을 향상시킬 수 있다. 그리고 기존 분산형 에너지 자원을 사용해 예비 용량 서비스를 제공함으로써 최대 생산 용량을 확대하기 위한 인프라 투자를 피할 수 있다. VPP는 이미 연결된 분산형 에너지 자원에 대한 추가 수익을 창출하는 동시에 용량 추가 비용을 절감하는 데 도움이 된다.

선두 애그리게이터 업체로 호주의 AGL, 네덜란드의 에네코 클라우드넷(Eneco CrowdNett), 독일의 엠시스(Emsys), 유럽의 넥스트 크라프트베르케, 미국의 스템(Stem) 등이 있다. 특히 독일의 넥스트 크라프트베르케는 유럽 최대의 에너지 플랫폼 사업자로, 2018년 기준 유럽 6개국에 약 6,854개의 유닛으로 분포된 다양한 크기의 전력 생산·소비 장치의 네트워크를 가지고 있다. 이를 통해 실시간으로 대략적인 에너지 생산·소비량을 예측하고 매일 송전망 운영자에 일정을 전송한다.

거래소에서는 예상 수량을 매일 예약해 시장에서 거래하고 있다. VPP는 7개의 유럽 TSO(계통운영기관) 구역에서 비상 전력을 제공하고 그것의 알고리즘을 사용해 최적화된 일정을 네트워크 장치에 전송한다. 이를 통해 도매 시장에서 최고 가격 책정의 혜택을 누리고 있다.

모빌리티,
생태계 전환에서 역할을 강화하다

에너지 전환을 통한 생태계의 변화는 단순히 구동 수단의 변화에서 끝나지 않고 에너지 시스템의 완전한 변화에까지 이르고 있다. 모빌리티 산업은 처음에는 규제에 대응하거나 고객의 요구에 부응하거나 성장에 동참하기 위해서 친환경차 기술을 내재화했다. 이후 생태계의 변화에서 의미 있는 역할로 사업 영역을 확장하고 있다.

도요타는 2020년 CES 2020에서 자사의 배터리, 수소연료전지와 AI 기술을 활용한 재생 에너지 기반의 자가발전 분산형 스마트 시티인 우븐 시티(Woven City)를 발표했다. 도시는 태양광과 풍력과 같은 재생 에너지로 자급자족하며 쓰고 남은 에너지는 전기차의 배터리나 수소로 전환되어 저장된다. 도시 안의 이동 수단은 모두 전동화되며

자료: 도요타

자율주행과 AI, 로봇이 공존한다. 자동차 업체가 CASE에 대응하기 위해 축적한 기술이 도시의 형태로 집대성된 것이다. 이는 모빌리티 업체가 생태계 전환에서 중요한 역할을 맡게 되었음을 의미한다.

앞서 소개한 대로 호주 사우스오스트레일리아주 주정부와 테슬라는 지난 2018년 2월에 세계 최대의 VPP 구축 사업을 발표했다. 2022년까지 최소 5만 가구에 가구당 가정용 태양광 5kW와 배터리 13.5kWh, 스마트 미터 시스템을 설치하고 이를 소프트웨어로 통합해 세계 최대 규모의 VPP를 구축할 계획이다. 이를 통해 사우스오스트레일리아주 전체 7만 5천만 가구가 사용 가능한 전력 수요의 20%를 충당하고 가정용 전기 요금의 30%를 절감하며 예비 전력에 대응

· 테슬라의 세계 최대 규모의 VPP ·

자료: 테슬라

할 수 있을 것으로 예상된다. 총 8억 달러 규모의 이 프로젝트에서 주정부는 보조금으로 200만 달러, 대출금으로 3천만 달러를 제공하고 나머지는 전력판매대금으로 충당할 계획이다.

폭스바겐 또한 지난 2021년 3월 파워 데이(Power Day)에서 2030년까지 240GWh 규모의 배터리 생산을 내재화하는 계획과 함께 '일렉트릭 라이프(electric life)'라는 이름을 담은 자회사 엘리(Elli)를 통한 전력 공급 사업을 발표했다. 재생 에너지로의 전환을 염두에 둔 전기차의 에너지 저장 및 거래 중개 시스템이다. 자사의 충전 시스템을 활용해 자동차 이용자에 편의를 제공하고 충전 솔루션을 통한 전력 거래 시스템을 확보할 계획이다.

현대차그룹은 자사의 E-GMP라는 전기차 전용 플랫폼을 활용해 V2L을 적용하고 있다. 전기차가 이동 수단인 모빌리티를 넘어 하나의 개별 전원이 되어 전력망에서 작동하는 기술은 V2L을 통해 가능하다. V2L(Vehicle to Load)은 전기차에 탑재된 배터리를 대용량 보조 배터리 개념으로 활용하는 기술이다. 이 기능은 2018년 닛산 전기차 리프(Leaf)에 처음 적용되었는데, 당시 지진 등 자연재해로 전기 공급이 어려운 상황에서 유용하게 쓰일 수 있음을 강조했으나 주목받지 못했다.

기존 전기차는 단방향으로 충전만 가능한 구조이나 현대차의 E-GMP는 별도의 제어기나 연결 장치 없이도 110V나 220V 등 일반 전원을 전기차 내외부로 공급할 수 있다. 이러한 기능은 통합 충전 시스템(ICCU; Integrated Charging Control Unit), 차량 충전 관리 시스템(VCMS; Vehicle Charging Management System)을 통해 구현할 수 있다.

이처럼 자동차 산업은 교토의정서 이후 각국의 환경 규제 강화에 대응하고자 디젤 기반의 내연기관 연비 기술 고도화와 배기가스 저감 기술을 내려놓았다. 그리고 고객의 요청에 부응하는 친환경차의 핵심 기술을 갖추기 시작했다. 전기차의 배터리를 관리하는 배터리 관리 시스템(BMS; Battery Management System), 수소연료전지차에 필요한 수소연료전지 발전 시스템을 내재화하면서 기존 내연기관 중심의 안정적인 수요를 바탕에 두었던 자동차 산업은 큰 변화를 맞이한다.

자동차 산업은 투자 비용이 많이 들고 연관 산업이 맞물려 있어 파급력이 크다. 그동안 자동차 업계는 소품종 대량 생산을 통해 수익성

· 모빌리티 업체의 에너지 산업 진출 가능성 ·

친환경차 핵심 기술 내재화
(배터리 전기차: BMS / 수소연료전지차: 수소연료전지 시스템)

분산형 전원 핵심 기술
(이동형 대용량 ESS / 수소연료전지 발전 시스템)

V2G
(재생 에너지 기저 발전 활용에 따른 분산형 에너지 자원과 그리드 연결)

자동차 업체의 비즈니스 모델 확대
(에너지 사업 진출)

을 극대화해왔다. 반면 가보지 않은 친환경차 시장은 불확실한 수요로 투자금 회수가 불확실하다. 내연기관에 막대한 투자 비용을 투입해왔다는 점에서 수년간 많은 전략적 고민이 이어졌다.

하지만 시장의 흐름이 달라지고 있다. 코로나19 이후 탄소 배출 저감에 대한 전 지구적인 공감대가 형성되고 있다. 기존 화석연료 기반에서 재생 에너지 기반으로의 에너지 전환이 빨라지고 있다. 재생 에너지의 발전단가가 낮아지면서 친환경차의 가장 큰 진입 장벽이라고 일컬어지던 충전 가격 또한 하락하고 있다. 탄소 처리 비용이 추가로 투입될 내연기관차보다 경제성을 확보할 날이 머지않았다.

친환경차의 핵심 기술을 갖춘 자동차 업체는 에너지 전환 국면에서 애그리게이터나 VPP의 소비자이자 생산자인 분산형 에너지 자원의 핵심 기술을 가장 잘 다루는 업체가 될 것이다. 이동이 가능한 대용량 배터리인 ESS에서 전기차가 가장 중요한 위치를 차지할 가능성이 크다. 또한 장기간 손실 없이 저장 가능한 수소를 발전하는 핵심 기술인 수소연료전지를 가장 잘 다루는 산업도 수소연료전지차를 만드는 자동차, 즉 모빌리티 산업이다.

가정 또는 지역마다 확보된 태양광, 풍력 등 재생 에너지의 기저에는 이처럼 가정용 ESS뿐 아니라 '이동형 대용량 ESS'인 전기차가 핵심적인 역할을 하게 될 것이다. 지금까지 설명한 스마트 충전 기술의 정점인 V2G를 통해 애그리게이터가 VPP를 현실화한다면 각각의 모빌리티는 분산형 에너지 자원으로 전력망에 연결되어 핵심적인 에너지 공급자가 될 것으로 확신한다.

이를 통해 모빌리티 업체는 자동차, 충전 네트워크와 제어 시스템 등을 통해 전기 에너지를 유통하는 중요한 채널이 될 것으로 기대된다. 이는 자동차 업체가 자동차 제조·생산·유통에서 벗어나 자동차를 통해 지속 가능한 매출을 실현하는 새로운 사업 모델로 진출할 수 있음을 의미한다.

Chapter 5

차세대 에너지 스토리지, 모빌리티에 주목하라

모빌리티 산업은 에너지 전환의 시대를 맞아 가장 효과적으로 에너지 저장 장치를 보급할 수 있게 되었다. 또한 이를 통제·관리함에 따라 전력 거래 플랫폼에 관한 새로운 사업 모델이 기대되고 있다. 이른바 '혁신 기업'은 확장되는 새로운 산업에서 생태계를 구성하고 이를 활용한 플랫폼 사업을 주도하고 있다. 시장이 기대하는 신경제로의 가치 이동은 이들의 사업 모델을 지지하고 있다. 모빌리티 산업은 시장 참여자의 에너지원 변화 요구로 대체 구동 기술을 활용한 친환경차 수요에 대응하는 한편, 관련 기술을 응용·확장해 에너지 전환에 적합한 신규 사업으로 진출할 수 있게 되었다.

새로운 모빌리티 생태계 적응을 위한 기업들의 움직임

자동차 산업은 화석연료 기반 체제에서 재생 에너지 기반 체제로 변화하면서 대체 구동 기술을 활용한 친환경차 수요에 대응하고 있다. 한편으로 친환경 구동 기술을 응용하고 확장해 패러다임 변화에 적합한 신규 사업으로 진출하고자 준비하는 중이다. 이러한 시점에서 새롭게 등장한 이른바 혁신 기업은 새로운 산업에서 자신만의 생태계를 구성하고 이를 활용한 플랫폼 사업을 주도하고 있다.

2010년대 초 외형 성장기에 비용 절감과 판매 증가로 인한 수익성을 추구했던 자동차 업계는 주요 선진 시장의 경기 회복과 함께 신흥 시장의 자동차 보급 대중화인 모터라이제이션(motorization)에 힘입어 높은 성장을 이루어냈다. 늘어나는 생산량만큼 규모의 경제가 생기

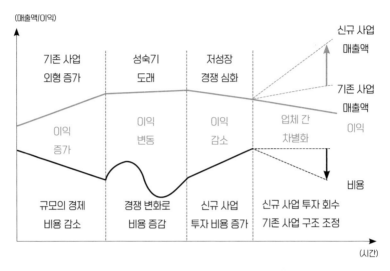

· 자동차 업계의 기존·신규 사업에서의 이익 변동 추세 ·

(매출액/이익)

| 기존 사업 외형 증가 | 성숙기 도래 | 저성장 경쟁 심화 | 업체 간 차별화 |

신규 사업 매출액

기존 사업 매출액

이익

이익 증가 / 이익 변동 / 이익 감소

비용

| 규모의 경제 비용 감소 | 경쟁 변화로 비용 증감 | 신규 사업 투자 비용 증가 | 신규 사업 투자 회수 기존 사업 구조 조정 |

(시간)

자료: 저자 작성

며 기업의 비용 구조는 점진적으로 개선되었으며 이익 또한 크게 증가했다.

하지만 이내 성숙기가 도래했다. 2013년을 지나면서 미국과 중국 등 주요국의 수요 둔화로 경쟁 환경이 변화하며 추가적인 이익 성장을 기대하기 어려워졌다. 이러한 환경에서 각 업체는 점유율 확보를 위해 더욱 경쟁했다. 새로운 세대의 제품이 나오기까지 4년 이상 소요되는 자동차 업체는 점유율 확보를 위해 쓸 수 있는 전략이 몇 가지 없다. 그중 하나가 바로 가격, 즉 인센티브다. 인센티브의 증가는 수익성 악화로 이어졌다.

코로나19가 퍼지기 전부터 자동차 시장에는 수요 감소의 조짐이 나타났다. 환경 규제가 강화되면서 무턱대고 수익이 나는 내연기관차를 밀어 팔기도 어려워졌다. 매출 정체에서 시장이 요구하는 변화에는 모두 큰돈이 들었다. 자동차 업계는 수요 트렌드 변화, 공급 경쟁 강화, 정부 규제 변화 등에 대응하기 위해 신규 사업 투자와 기술 개발을 무리하게 진행했다. 그 결과는 당연히 기업의 이익 감소로 이어졌다.

친환경차, 자율주행 기술과 관련해 제조와 규제 대응에만 주력한 다수의 업체는 시기적으로 투자금을 회수하지 못한 채 기업 가치가 정체되었다. 하지만 난세에도 영웅은 있었으니, 테슬라로 대표되는 혁신 기업이다. 이들은 자동차 업계에서 제조·판매를 넘어 생태계 구축을 주도했으며 기업 가치에는 할증이 붙었다. 새로운 전략과 가능성이 기업 가치의 상승을 가져다준 것이다.

혁신 기업들은 새로운 자동차 생태계 구축을 위한 명확한 비전을 제시하고, 필요하다면 기술을 내재화하거나 협력 관계를 조성하며 사업 모델을 구체적으로 전개했다. 또한 대다수 신규 업체인 혁신 기업은 부족한 자금을 조달하기 위해 단기적 성과나 혁신적인 비즈니스 모델을 선보이며 시장과의 신뢰 관계를 강화했다.

이것들은 기존 모빌리티 시장에서 주도권을 쥐고 있던 자동차 제조업체와는 완전히 다른 전략적 태도였다. 과거 제조 기반의 완성차 업체는 2년 뒤 선보일 신차의 디자인과 성능이 전략의 대부분이었으며, 전략 노출은 경쟁력 훼손을 의미했다. 그 때문에 전략을 장기적으로 구체화한다거나 사업 모델을 확장하고 이를 투자자와 소비자에게 공개한다는 것은 금기와도 같았다.

또한 혁신 기업에서 진행하는 사업은 대부분 초기 사업으로 많은 자본이 필요하다. 구체적인 사업 모델이 시장에서 작동되기까지 많은 투자와 시간이 들기 마련이다. 여유로운 현금 흐름과 유동성을 가지고 있는 완성차 업체가 사업을 충분히 준비해 선보이기 직전에 시장에 공개하는 것과 달리, 혁신 기업은 단기적인 성과나 혁신적인 사업 모델에 관해 투자자, 시장 참여자와 소통해야 한다. 이들에게서 피드백을 받고 더욱 현실적인 방향으로 사업을 몰고 가게 된다. 그리고 그것이 충분한 설득력이 있다면 덤으로 투자와 기업 가치 상승이 따라오게 된다.

그래서 혁신 기업이 새롭게 구축한 사업 모델은 일시적 수익에 불과한 차량의 제조·판매에 머물러 있지 않다. 지속적인 매출 발생이 가능한 충전(에너지 유통·거래)이나 정비 서비스(소프트웨어 업데이트) 등을 적절한 구독과 플랫폼을 통해 제공하는 데 주안점을 둔다. 또한 디바이스나 콘텐츠에 집중하기보다 이를 아우를 수 있는 마켓 플레이스(market place)를 지향한다. 누구든 그들의 플랫폼 안에서 언제든 서비스를 제공하거나 이용하면서 효용을 창출할 수 있는 공간을 마련하는 것이다. 플랫폼 형태로 지속 가능한 매출을 실현한다는 점이 혁신 기업의 공통적인 특징이다.

대표적으로 테슬라와 니콜라는 자사의 핵심 제품인 전기차와 수소차를 기반으로 에너지 사업에 대한 비전을 구체화했다고 평가받는

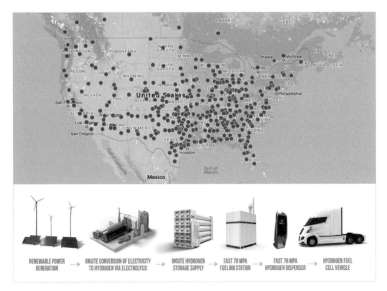

RENEWABLE POWER GENERATION → ONSITE CONVERSION OF ELECTRICITY TO HYDROGEN VIA ELECTROLYSIS → ONSITE HYDROGEN STORAGE SUPPLY → FAST 70 MPA FUELING STATION → FAST 70 MPA HYDROGEN DISPENSER → HYDROGEN FUEL CELL VEHICLE

자료: 니콜라

다. 테슬라는 2016년 기업 비전을 '전기차의 대중화'에서 '지속 가능
한 에너지 경제'로 변경했다. 전기차 보급으로 구축된 가정용 충전 시
설과 태양광, ESS를 활용해 부가 서비스를 개발하고 자동차 부문만
큼의 에너지 매출을 확보하기 위해 전사 노력을 기울이고 있다. 재생
에너지 발전부터 에너지 저장·유통 및 이동 수단을 통한 이용까지 생
태계 전체를 사업 모델로 구축하고 있는 점이 특징이다.

　니콜라는 수소 트럭 기반의 구독 플랫폼을 통해 수소 생태계 구축
에 주력하고 있다. 수소 생산을 위해 수소 충전소에서 직접 태양광으
로 전기를 생산해 수전해하는 현지 방식의 수소 생산·충전 시스템을

도입했다. 또한 수소 트럭의 생산·판매와 함께 충전과 정비를 포함해 내연기관 트럭과 유사한 TCO(Total Cost of Operation, 총운영 비용) 가격으로 리스 가격을 책정해 판매하는 구독 플랫폼을 준비하고 있다. 2023년 수소 트럭을 양산하는 것이 목표이며, 2028년까지 700개의 충전 네트워크를 구축할 계획이다.

지난 CES 2020에서 우븐 시티를 선보인 도요타는 생태계 구축의 명확한 비전과 내재화한 핵심 기술을 바탕으로 사업을 구체화하는 부분에서 적극적인 모습을 보였다. 기존 사업을 통해 안정적 수익과 자금 조달이 가능해 단기 성과 요인에 연연하지 않을 수 있다는 점은 앞선 기업들과 도요타의 차이일 것이다. 도요타가 추진하는 '재생 에너지와 수소연료전지로 구동되는 완전히 연결된 생태계'의 스마트 시티는 자율주행, 로봇, 개인 이동성, 스마트홈, AI 등 그동안 투자해온 기술 내재화의 집대성을 목적으로 하고 있다.

자동차 업체의 에너지 사업 진출(또는 에너지 업체가 사업을 구체화하는 과정에서 자동차 시장에 진출)은 자동차 제조·판매를 넘어선 부가가치 창출을 기대하게 한다. 자동차 업계는 에너지 전환으로 단순한 에너지 사용처, 즉 자동차 사업에서 친환경차 기반 에너지의 생산과 유통(태양광·ESS·수소·V2G·스마트 충전·현지 방식의 수소 충전 단지)까지 영역을 확장할 수 있게 되었다.

테슬라의 모든 사업은
서로 연결되어 있다

테슬라는 2003년 전기차의 대중화를 목표로 엔지니어 그룹이 설립한 업체다. 하지만 그들은 더 이상 전기차 대중화에 주안점을 두지 않는다. 지속 가능한 에너지로의 세계적 전환을 가속하겠다는 비전 아래 모든 사업 구조들을 통합하고 있다. 현재 테슬라는 전기차 판매 1위 업체로 2020년 7월을 기점으로 내연기관차 OEM을 포함해 가장 높은 시가총액을 가진 회사로 올라섰다. 전기차의 대중화를 넘어 유용하게 쓰일 수 있는 청정에너지와 이를 저장하는 제품까지 생산 영역을 넓히고 있다.

테슬라는 자사 사업의 플랫폼화를 위해 하드웨어 기기 보급을 우선해왔다. 대표적으로 로드스터(Roadster) 이후 모델3에 이르는 배터

· 테슬라의 현재 사업 모델 ·

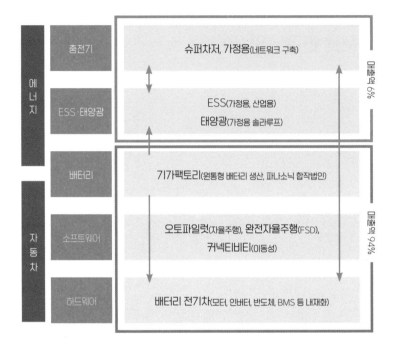

주: 매출액 비중은 2019년 기준

자료: 저자 작성, 테슬라

리 전기차를 대중화한 것이다. 재생 에너지와 연계한 대규모 ESS 에 너지 솔루션인 파워월, 파워팩을 비롯해 옥상에 설치하는 가정용 태양광 전지인 솔라루프를 활용해 개별 주택과 기업, 공공 사업체에 ESS·태양광 발전 시설을 확대하는 데 집중하고 있다.

개별적으로 보이는 테슬라의 모든 산업은 실제로는 서로 연결되어 있다. 에너지 사업과 자동차 사업의 핵심이라 할 수 있는 배터리

· 테슬라의 전력 생태계 구축 계획 ·

마이크로 그리드, V2H

(태양광 발전 설비+ESS+배터리 전기차)

파워월

(가정용 독립용 ESS)

솔라루프(주택 옥상용 태양광)

슈퍼차저(충전소)

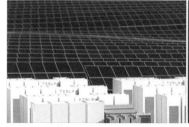

(태양광 발전을 통한) 메가팩·파워팩

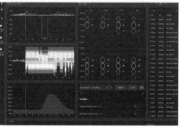

오토비더

자료: 테슬라

는 파나소닉과의 합작사인 기가팩토리에서 생산한다. 여기서 생산된 원통형 배터리는 태양광 발전에 쓰이는 가정용·산업용 ESS와 테슬라의 핵심 제품인 전기차에서 중요한 부품으로 활용된다. 전기차에는 모터, 인버터, 반도체, BMS(배터리 관리 시스템)와 같은 핵심 부품들과 연결성(connectivity), 인공지능 등 소프트웨어 기술을 활용한 자율주행 기술과 인포테인먼트가 탑재되는데 대부분을 내재화에 성공했다. 하드웨어 대중화와 소프트웨어 기능 개선을 통한 플랫폼 사업이 테슬라의 현재 사업 모델이다.

자료에서 알 수 있듯 가정용 태양광 전지인 솔라루프와 가정용 ESS인 파워월(Powerwall), 산업용 태양광 발전소인 메가팩(Megapack), 파워팩(Powerpack)이 전력망 안에서 하나의 분산형 에너지 자원으로 작동하게 된다. 자동차 충전 시설인 슈퍼차저(Supercharger)와 가정용 충전 시스템은 네트워크로 연결되어 가정용·산업용 ESS 등과 전력을 교환하거나 전력망과 상호 작용한다.

이처럼 테슬라는 대중에 보급된 전기차와 ESS를 활용해 소프트웨어 기반 구독 서비스와 태양광 구독 서비스(solar subscription), 태양광 ESS 기반의 생산·판매·유지 보수 및 마이크로 그리드(micro grid, 소규모 지역의 전력 자급자족 시스템)를 활용한 에너지 플랫폼 사업으로 확장할 계획이다. 테슬라 전기차에 OTA(Over the Air, 소프트웨어 무선 업데이트)와 연결성, 완전자율주행(FSD; Full Self-Driving)과 같은 기능을 갖춘 월 구독 서비스가 현재 상용화되어 있다. 테슬라의 가정용 ESS와 전기차를 모두 보유한 고객이라면 태양광 구독 서비스나 태양광

· 테슬라가 인수하거나 설립한 관련 기업 ·

범주	회사	개요	지분율(주주)
자동차	테슬라	배터리 전기차 생산(하드웨어·소프트웨어), 개인 운송, 재생 에너지, ESS·VPP, 로보 택시(카 셰어링)	21%(일론 머스크)
에너지	솔라시티	가정용 솔라루프	100%(테슬라)
에너지	기가팩토리 (네바다주)	원통형 배터리 제조(테슬라 70%, 파나소닉 30%)	70%(테슬라)
에너지	맥스웰	셀 기술, 울트라 커패시터 제조	100%(테슬라)
에너지	하이바	고속 배터리 셀 제조 시스템	100%(테슬라)
인공지능	오픈 AI	인공지능 연구소	설립
인공지능	뉴럴링크	인공지능 개발, 뇌에 칩 이식	100% (일론 머스크)
항공우주	스페이스 X	왕복 우주선(여행), 위성 통신·인터넷	54%(일론 머스크)
통신	스타링크	스페이스 X에 의한 인터넷 위성 서비스	
인프라· 지하터널	하이퍼루프 (Hyperloop)	진공 튜브 열차(고속 철도)	
인프라· 지하터널	보링 컴퍼니 (The Boring Company)	(로스앤젤레스와 라스베이거스를 잇는) 초고속 지하 터널 개발	90%(일론 머스크)
제조	그로만	제조, 공장 자동화	100%(테슬라)
제조	퍼빅스	제조, 공장 자동화	100%(테슬라)

자료: 저자 작성, 언론 종합

발전 설비(솔라루프)와 ESS(파워월·파워팩 등)가 연결되는 에너지 플랫
폼을 활용할 수 있게 될 전망이다.

일론 머스크가 설립하거나 관계된 회사, 즉 테슬라를 통해 인수된

회사들의 집단을 살펴보면 사업 모델 확장이 수렴하는 곳이 비교적 명확하게 보인다. 그는 보유하거나 관련한 기업의 조합을 통해 테슬라를 자율주행 전기차를 활용한 구독 서비스 및 선대 운영과 같은 모빌리티 서비스 플랫폼 사업자와 재생 에너지 생산·저장·유통을 통한 에너지 플랫폼 사업자로 궁극적으로 전환하고자 한다.

해당 기업들의 역할을 통해 테슬라의 수직적·수평적 사업 확장 전략을 살펴볼 수 있다. 자동차 제조를 담당한 테슬라는 기본적으로 배터리 전기차 생산(하드웨어·소프트웨어)을 책임지며 개인 운송, 재생 에너지, ESS는 물론, 장기적으로 VPP, V2G, 로보택시(카 셰어링) 선대 운영을 담당하고 있다. 초기 소량의 고급차 모델S를 중심으로 한 판매 체제에서 모델3과 같이 경제성을 갖춘 대중차로 전환하면서 자동차 대량 생산의 품질 문제와 수익성에 대한 보완이 필요했다. 이에 모터, 배터리 기술을 내재화하는 한편, 그로만(Grohmann)과 퍼빅스(Perbix)를 인수하면서 제조와 공장 자동화를 통해 생산성과 품질을 개선했다.

에너지 사업을 위한 하드웨어 보급은 가정용·상업용 태양광 패널 및 솔라루프 생산 설치 업체인 솔라시티(기가팩토리2)와 원통형 배터리 제조회사인 네바다주 기가팩토리(Gigafactory)를 통해 구현된다. 기가팩토리는 원천 기술 확보를 위한 합작사(테슬라 70%, 파나소닉 30% 합작법인)로 설립되었다. 또한 셀 기술, 울트라 커패시터(ultra capacitor) 제조 기업인 맥스웰(Maxwell)과 고속 배터리 셀 제조 시스템 기업인 하이바(Hibar) 인수로 배터리 셀 기술과 생산 능력 내재화를 추진하고 있다.

오토비터는 VPP 사업을 위해 독립 전력 생산자, 유틸리티 및 자본 파트너가 배터리 자산을 자동으로 수익화할 수 있는 기능을 제공하는 테슬라의 플랫폼이다. 빅 데이터를 활용한 전력 수요·공급의 최적점 산출과 적정 가격 예측 등의 기능을 위해 인공지능 관계회사의 직간접적인 역량이 도움이 될 것으로 보인다. 관계회사로 인공지능 연구소 오픈 AI(Open AI)와 인공지능 개발과 생체 적용을 연구하는 뉴럴링크(Neuralink)가 있다.

또한 OTA를 활용한 소프트웨어 구독 사업과 자동차-자동차 혹은 자동차-그리드, 그리드-그리드, 자동차-인프라 간 통신을 제공하기 위한 위성 통신·인터넷 사업으로 스페이스 X(Space X)와 스타링크(Starlink)가 활용될 수 있을 것으로 보인다. 이러한 전략에서는 각각의 사업 모델을 추가로 확장할 수 있다. 모빌리티 서비스 사업자와 에너지 플랫폼 사업자가 목적인 테슬라의 사업 모델 간 시너지가 기대된다. 장기적으로 자율주행 전기차를 P2P 사업에 활용한 로보택시 사업이나 전기차를 하나의 스토리지로 전력망과 연결해 수익을 창출하는 V2G 사업으로 연결될 것이다.

한편 슈퍼차저에 정차 중인 테슬라 차량은 호출받은 이동 경로를 통해 얻게 될 수익과 전력망에 연결되어 충전과 방전을 할 때 얻게 될 수익을 비교해 필요에 따라 호출을 거절하고 전력 거래를 할 수도 있다. 충전 시설은 네트워크가 더욱 확대될 것이며 유료화로 전환되어 또 다른 수익원이 될 수 있을 것으로 판단된다.

가정과 건물 등에 연결된 ESS·태양광과 자동차 등은 재생 에너지를 활용한 전력 생산과 스토리지로 활용되어 마이크로 그리드로 작동하게 될 것이다. 이러한 분산형 에너지 자원은 테슬라라는 하나의 플랫폼을 통해 하나의 커다란 VPP로 활용되리라 예상해볼 수 있다.

실제로 일론 머스크는 언론과의 인터뷰를 통해 장기적으로 전기차 사업보다 에너지 사업에 거는 기대가 더 크다고 말한 바 있다. 또한 테슬라의 에너지 사업은 향후 전기차 사업보다 규모 면에서 동일하거나 커질 수 있다고 밝혔다. 가정마다 ESS를 설치하게 유도하는 것은 비용이나 외관, 안전의 문제로 쉽지 않을 수도 있다. 그러나 테슬라의 전기차를 줄을 서서 사고 있는 상황이니 일론 머스크의 에너지 플랫폼은 생각보다 편하게 준비되고 있을지 모른다.

전기차의 탈을 쓴 '에너지 플랫폼 기업', 테슬라

시장에는 테슬라의 기업 가치에 대한 다양한 의견이 존재한다. 기술주 하락에 따른 버블 붕괴 의견에서 주가의 상승 여력이 많이 남아 있다는 의견까지, 다른 어떤 주식보다 논의가 꾸준히 이어지고 있다. 일론 머스크는 2025년 테슬라의 예상 시가총액을 7천억 달러 이상으로 보고 있었다. 2021년 10월 말 기준 시가총액은 1.12조 달러로 머스크가 예상한 시가총액의 60%를 상회하고 있다. 1년 전인 2020년 9월 당시 시가총액을 비교하더라도 3배 가까운 상승이 있었다. 과연 이 기업 가치는 어떻게 설명할 수 있을까?

여기서는 테슬라의 사업 전략과 계획, 유사 기업의 시장 내 평가 등을 통해 2025년 달성 가능한 합리적인 목표 시가총액을 추정해봤

다. 먼저 2025년 예상 매출액을 추정을 위해 활용한 근거는 다음과
같다.

① 현재까지 발표된 생산 능력 증설 계획과 목표 생산 계획(2022년 계획
   과 장기 목표)
② 현재와 유사한 공급 부족이 지속되며 100%에 가까운 가동률 실현(판
   매량=생산 능력)
③ 상기 가정하에 누적 판매 대수에 기반한 구독 서비스 매출액 추정(구
   독률은 언론 등 언급된 시장 기댓값 40% 가입률 활용)
④ 2019~2020년 자동차 제조 외 매출액 비중 가정(크레딧, 기존 서비스
   매출)
⑤ 일론 머스크의 에너지 매출 규모 목표(자동차 부문 이상) 보수적 가정
   (자동차 대비 90%)

이에 따라 자동차 제조 부문 매출액은 스태티스타(Statista)의
2025년 전망치 249만 대(2022년 예상 생산 능력 100만 대, 2030년 목표 생
산 능력 2천만 대)와 2019년 테슬라의 평균 판매 단가(ASP)와 모델3 평
균 판매 단가의 평균인 4만 7,500달러를 통해 1,181.8억 달러를 도
출했다. 크레딧 매출액은 2020년 자동차 매출액 대비 5.8%의 비율
을 적용한 69억 달러를 추정했다. 이 두 부분의 매출액을 모두 감안
한 자동차 제조 부문 총매출액 추정치는 1,252억 달러다.
이외 서비스 매출액에서는 연결성, 완전자율주행(FSD) 등 신규 구

1. 자동차 부문 매출액 추정

1) 자동차 제조

		생산능력('22E)	판매량 ('25E, 대)			
				판매('25E, Statista)		
			1,000,000	1,744,000	2,488,000	3,232,000
ASP(달러)	Model 3 ASP	42,000	42,000	73,248	104,496	135,744
	가정	47,500	47,500	82,840	118,180	153,520
	2019 ASP	53,000	53,000	92,432	131,864	171,296
	Model Y LR Base	59,000	59,000	102,896	146,792	190,688

자동차 판매 매출	118,180
크레딧 매출 (2020년 자동차 부문 매출액 5.80% 가정)	6,856

자동차 제조 매출액 추정(백만달러)	125,036

2) 서비스 매출 (로보택시 관련 매출은 가정에서 제외)

		판매량	누적판매대수
누적 판매량 추정 (폐차율=2% 가정)	2020년 3월 달성 누적대수		1,000,000
	2020년 판매량	500,000	1,480,000
	2021년 판매량	900,000	2,350,400
	2022년 판매량	1,300,000	3,603,392
	2023년 판매량	1,625,000	5,156,324
	2024년 판매량	1,950,000	7,003,198
	2025년 판매량	2,300,000	9,163,134
	2025년 UIO		9,163,134

커넥티비티 (9.9달러/월) (주요 언론 예상 구독률 40% 적용)	구독률	40%	439
FSD (100달러/월) (주요 언론 예상 구독률 40% 적용)	구독률	40%	4,398
기존 서비스 매출(자동차 제조 대비 '19년 10.7%, '20년 8.5%)	자동차 제조 대비	9%	11,253

서비스 부문 매출액 추정(백만달러)	16,091

자동차 부문 매출액 (자동차 제조 + 서비스) (백만달러)			141,127
에너지 부문 매출액 추정(백만달러)	자동차 부문 대비	100%	141,127

주) 일론 머스크의 목표치 ('19.10) 100% 이상

테슬라 예상 매출액 ('25E) (백만달러)	282,253

2. 예상 순이익 가정

			매출액 (백만달러)			
	에너지/자동차 매출액 비율		70%	80%	90%	100%
			197,577	254,028	268,141	282,253
순이익률(%)	도요타(역사 최고. '04)	10.9%	21,536	27,689	29,227	30,766
	테슬라 '22E 컨센서스	13.3%	26,278	33,786	35,663	37,540
	가정	22.4%	44,339	57,008	60,175	63,342
	플랫폼 기업 평균('20)	31.6%	62,401	80,230	84,687	89,144

주) 애플, 마이크로소프트, 알파벳(구글), 페이스북 기준

3. 목표 시가총액

			주가 상승여력
목표 시가총액	('25E 기준)	1,805.2	61.3%
인터넷 플랫폼 기업 P/E 평균 30배 적용할인율	5% ('21E 기준)	1,485.2	32.7%
현재 시가총액 (2021년 10월 29일 기준)		1,119	

독 서비스를 추정하기 위해 차량 운행 대수(UIO)를 우선 추정했다. 통상적인 폐차율 2%를 가정했으며, 2020~2024년까지의 생산 능력을 고려한 판매 대수를 감안해 산출했다. 2025년 연간 구독 서비스 매출에 영향을 주는 차량 운행 대수는 연초 기준 약 916만 대로 추정된다. 월 9.99달러의 연결성과 월 100달러의 완전자율주행의 구독률은 언론 등 시장에서 통상 기대하는 40%를 가정해 각각 4.4억 달러, 44억 달러로 산출했다. 그 외 A/S 등 기존 서비스의 매출은 과거 2개년 평균 자동차 제조 부문 매출액 대비 비율인 9%를 가정한 112.5억 달러로 가정했다(참고로 2019년에는 10.7%, 2019년에는 8.5%였다).

테슬라의 목표 시가총액에 활용할 예상 순이익은 유사 사업자의 순이익률을 통해 가정했다. 가정에 활용한 순이익률은 ① 자동차 제조 대표 기업 도요타의 역사상 최고 순이익률(2004년 기준 10.9%) ② 테슬라의 2022년 예상 컨센서스(증권사 전망치 평균) 순이익률(13.3%) ③ 플랫폼 기업인 애플, 마이크로소프트, 알파벳, 페이스북의 2020년 평균 순이익률(31.6%)이다. 테슬라의 에너지 플랫폼 사업 또한 애플, 구글처럼 플랫폼 사업임을 감안할 때 에너지 관련 매출 비중이 증가하면 관련 부문의 수익성이 플랫폼 기업 평균 수준의 수익성에 수렴할 수 있다고 판단했다.

이에 가정한 순이익률은 '제조 부문의 수익률(테슬라 2022년 컨센서스)'과 '플랫폼 기업의 수익률(2020년)'의 평균을 통해 도출한 22.4%를 활용했다. 다만 장기적인 성장성과 독보적인 시장 지위, 내재화된 기술 등을 감안할 때 미국, 호주를 중심으로 에너지 플랫폼에서 과

· 테슬라의 사업 모델 확장과 시너지 ·

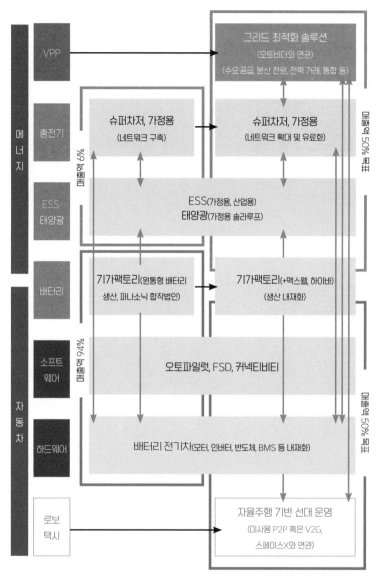

자료: 저자 작성

점 사업자가 될 수 있음을 가정했다. 따라서 목표 P/E(주가순이익비율)는 플랫폼 기업이 통상적으로 형성하고 있는 12개월 선행(FY1) P/E 30배를 가정했다.

이를 통해 산출된 2025년 기준 예상 시가총액은 1조 8,502억 달러이며 2021년 기준으로 할인율 5%가 반영된 예상 시가총액은 1조 4,852억 달러로 추정된다. 2021년 10월 29일 기준 테슬라의 시가총액 1조 1,190억 달러 대비 각각 61.3%, 32.7%의 상승 여력이 있는 것으로 판단한다. 최근 테슬라의 시가총액이 급등했음에도 테슬라가 보유한 사업 모델이 인수·합병·내재화 등을 통해 가시화되고 개별 모델이 각각 시너지를 발휘하면 중장기적인 기업 가치는 앞서 살펴본 대로 상승할 수 있을 것으로 보인다.

이같이 에너지 전환을 향해 변화하는 자동차 산업에 대응 가능한 업체에는 재평가가 필요해 보인다. 앞서 언급한 대로 테슬라, 니콜라와 같이 혁신 기업이면서 신생 기업인 업체들은 영업 현금 흐름 창출과 자금 조달을 위해 명확한 비전과 구체적인 액션이 담긴 계획으로 시장과 끊임없이 소통하며 신뢰를 얻는다. 반면 도요타 등 기존 자동차 업체의 경우 구경제에서 오는 안정적 영업 현금 흐름 창출과 막대한 자금력을 바탕으로 대체로 조용한 분위기이며 견제를 피해 사업 확장을 준비하고 있다.

그렇다면 한국 자동차 산업을 대표하는 현대차그룹은 다가오는 시대의 변화에 대응할 수 있을까? 테슬라와 같이 새로운 사업 모델을 통한 확장이 가능할까? 지금처럼 구경제를 평가하는 가치 함정

(valuation trap)에 갇혀 저평가된 기업 가치가 지속될까? 이어서 글로벌 자동차 업체들과 현대차그룹의 에너지 전환 국면에서의 현재를 파악해보도록 하겠다.

돌아온 탕자 폭스바겐과
테슬라의 공통점

자동차 업체의 에너지 사업 진출은 더는 새로운 일이 아니다. 전기차, 수소연료전지차 등 친환경차의 스토리지를 활용한 재생 에너지 중개와 충전 인프라 보급이 연계된 에너지 사업이 대표적인 사례다.

디젤 게이트로 친환경 기술의 격차가 벌어진 폭스바겐은 여느 자동차 업체보다 적극적인 전략적 행보를 보이고 있다. 먼저 전기차 전용 플랫폼인 MEB 플랫폼을 선보인 업체도 폭스바겐이다. 또한 2021년 3월 15일 파워 데이를 통해 자사의 배터리 및 관련 확장 사업을 발표했다. 폭스바겐은 2030년까지 240GWh 규모의 배터리 자체 생산 계획을 밝혔다. 이를 위해 파트너사와 공동 투자로 총 6기의 40GWh 규모의 공장을 신설할 계획이다. 공장 규모는 ID.4 프로

77kWh 기준 312만 대를 생산할 수 있을 정도이며, 2030년 폭스바겐 배터리 전기차의 80%를 내재화할 수 있을 만한 수준이다.

이보다 더욱 관심이 가는 것은 전력 거래 솔루션이다. 폭스바겐은 2018년 파워 공급 신규 브랜드인 자회사 엘리를 설립하고 유럽 내 전력 공급 사업을 발표했다. 당시 폭스바겐은 수력 에너지 중개, 가정용 전동차 충전 설비 판매, 전동차 충전소 사업을 우선 추진할 계획이라 밝혔다. 현재 엘리는 에너지 및 충전 솔루션 제공을 주된 사업 모델로 에너지와 모빌리티의 접점에서 고객에게 다양한 효용을 제공하는 것에 주안점을 두고 있다. 누구나 쉽고 번거로움 없이 친환경 에너지로의 전환을 편리하게 누릴 수 있도록 하는 것이 목적이다.

폭스바겐은 파워 데이에서 인프라의 확대와 에너지 사업 진출을 명시화했다. 아이오니티(IONITY), 에넬, BP 등 파트너사와 협력을 통해 2025년까지 유럽 내 고속충전기 1.8만 기를 설치하겠다는 목표를 세웠다. 또한 폭스바겐은 엘리를 통해 스마트 충전을 구현하겠다고 밝혔다. 배터리 전기차를 잠재적인 태양광 및 그리드 확대를 위한 디바이스, 즉 스토리지로 활용하겠다는 계획은 시사하는 바가 크다. 자사의 배터리 전기차 보급과 디지털·데이터 플랫폼에 기반한 에너지 통합(energy integration)을 목표하고 있음을 밝힌 셈이다.

폭스바겐의 전략은 지난 2020년 9월 22일 개최한 테슬라 배터리 데이와 많이 닮았다. 테슬라는 해당 행사에서 배터리 원가 개선 전략을 발표했다. 원가 절감을 위한 공정 혁신은 셀 디자인(14% 원가 절감), 셀 공장(18% 원가 절감), 양극재(5% 원가 절감), 음극재(12% 원가 절감), 배

· 폭스바겐이 파워 데이에서 발표한 배터리 전기차와 재생 에너지 연계 사업 ·

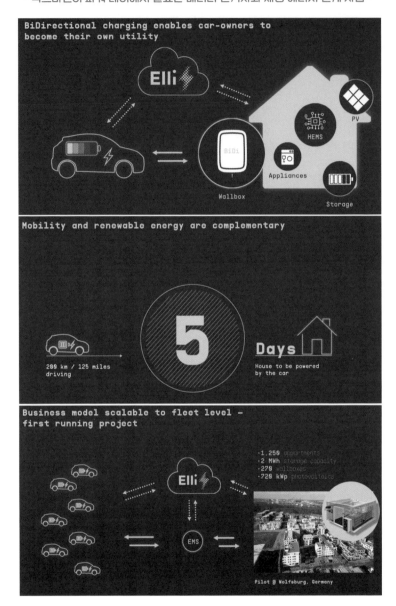

자료: 폭스바겐

터리 셀과 차량의 통합(7% 원가 절감)이다. 이를 통해 기존 대비 56% 절감된 가격에 배터리를 공급하겠다는 것이다. 2021년 7월 텍사스 공장을 가동할 때 적용할 수 있으며 내연기관 수준(2만 5천 달러)의 전기차 공급이 가능해질 전망이다.

테슬라 배터리 데이에서 가장 주목할 만한 점은 혁신적인 배터리 원가 절감으로 배터리 전기차의 대중화 보급 가능성을 높였다는 것이다. 2016년 변경한 회사의 비전과 같이 지속 가능한 에너지로의 전환을 가속하기 위한 전략적 행보의 일환이다. 또한 대량 생산화 과정에서 OEM이 겪은 시행착오를 공정 혁신으로 빠르게 극복한 점을 긍정적으로 평가할 수 있다.

테슬라 배터리 데이 당시 시장의 기대와는 달리 나노와이어, 전고체 전지 같은 진보된 배터리 기술은 공개되지 않았다. 이동 목적 외에 잠재적 스토리지로 배터리 전기차를 활용할 때 잦은 충전과 방전이 발생한다. 이에 따라 배터리 수명이 줄어들지만 배터리 성능 개선보다는 가격 하락으로 단점을 극복하는 전략을 구사한 것으로 보인다. 공정 혁신과 원가 절감에 초점이 맞춰져 있고, 이것이 기술 진보까지의 시간 격차를 극복했다는 점에서 의미가 매우 크다.

테슬라 배터리 데이의 발표 자료에는 배터리 원가 절감을 통해 분산형 에너지 자원인 전기차의 대중화를 더욱 강화해 에너지 생태계를 장악하고자 하는 테슬라의 의도가 깔려 있다. 충전 용량이 크고 효율이 좋은 고가의 배터리보다 기존 배터리의 단가 인하가 중요하다고 판단한 것도 바로 이 때문이다. 재생 에너지 발전단가 하락과

· 테슬라 배터리 데이에서 소개한 전기차 확대를 위한
배터리 물량 확대와 원가 절감 필요성 ·

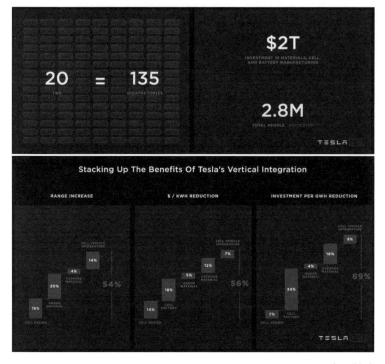

자료: 테슬라

함께 배터리, 즉 스토리지 경제성 확보로 에너지 전환은 더욱 가속될
것이다.

　테슬라는 배터리 공급 부족에 따른 대응 전략과 배터리 전기차
대중화의 진입 장벽인 높은 배터리 가격을 낮추기 위한 명확한 대안
을 제시하며 V2G·VPP 사업 확장을 지속하고 있다. 테슬라 배터리
데이는 테슬라가 기존 자동차 제조 생산 외에 에너지 플랫폼 사업자

로 새로운 기업 가치를 부여받고 있다는 점을 다시 한번 확인한 순간이다.

폭스바겐은 전 세계 800만~1천만 대 규모의 초대형 생산 능력(CAPA) 업체 중 친환경차 수요 환경에 민감한 유럽·중국에 편중된 판매 포트폴리오를 가지고 있다. 이에 따라 적극적인 배터리 전기차 보급 계획을 밝혔다. 이는 비슷한 볼륨을 가진 경쟁 업체인 도요타와는 대조되는 부분이다. 원가 절감의 레버리지 효과가 크고 보급 차량 기반 사업을 하기에 적합한 여건을 보유하고 있기 때문에 이러한 전략은 설득력을 얻고 있다.

한편 한국, 일본, 중국 등 아시아계 OEM은 자국 국적의 배터리 업체를 보유하고 있기 때문에 상대적으로 유리한 위치에 있다. 이들은 상대적으로 안정된 배터리 공급이 가능하고, 배터리 업체와 전략을 공유하기 유리한 지리적 이점을 가지고 있다. 반면 미국·유럽 완성차 업체가 동일한 효과를 누리기 위해서는 최소 합작법인이나 내재화를 통해 배터리 대응까지 고려해야 한다.

결국 폭스바겐은 B2C·B2B 대상의 기성 제품 판매로 매출을 설명하던 기존 사업 모델을 넘어, 보급된 배터리 전기차를 바탕으로 한 에너지 플랫폼 서비스로의 사업 확장 의사를 밝혔다. 이는 지금까지 테슬라가 추구하고 있는 방향에 동참을 선언한 것이나 마찬가지다. VPP를 통한 V2G 기반 통합 관리 사업을 진행하는 테슬라처럼, 폭스바겐 또한 엘리를 활용해 에너지 플랫폼 사업에 진출하며 배터리 사용 용도를 이동에서 스토리지로 확장하고자 하는 의지를 드러냈다.

완성차의 배터리 내재화는 B2C 사업으로 지역과 정책에 매우 민감하다. 그러나 제품 및 스토리지·리사이클링 등 신규 사업까지 포트폴리오를 고려해야 하는 완성차 업계와 수요가 한정적인 배터리 업체와의 기술적 지향점 차이를 극복하게 해줄 것으로 보인다. 완성차 업체들의 사업 확장에서는 전략 변경으로 잦은 충전과 방전에 의한 배터리의 수명 단축이란 단점이 발생할 수 있다. 따라서 신기술이 아닌 기존 제품의 원가 혁신으로 경제적 단점을 극복하고자 하는 완성차 업체의 전략이 가장 적극적으로 이행할 수 있는 선택으로 보인다.

우리는 폭스바겐, 테슬라 모두 자동차 산업의 주요 이슈인 저성장, 경쟁 심화와 정부의 탈탄소화 정책을 극복하고 지속 가능한 이익이 가능한 사업 모델로 변화를 모색하고 있음을 확인할 수 있었다. 결국 전기차 산업은 정부와 공급자 주도로 수요를 현실화하리라는 관점에서 벗어나 재생 에너지 발전단가 하락이라는 기술 발전과 전력망 안에 새롭게 구축된 생태계라는 사업 모델과 만날 때 경제성 확보가 가능하다. 이러할 때 전기차 보급 확대와 보급된 차량의 신규 사업(스토리지를 활용한 에너지 솔루션 사업) 모델로 사업을 전개할 수 있을 것이다.

따라서 생태계 전환 국면에서 사업 영역 확대를 가능하게 할 전기차 플랫폼 확장성은 매우 중요하다. 그리고 생태계 구축을 위한 제휴와 품질·가격 경쟁력을 조기 확보할 수 있는지가 신규 사업자들의 진입 장벽이 될 것으로 전망된다. 보급 차량에 기반한 지속 가능한 이익을 창출하는 새로운 사업으로의 진출은 여러모로 이점이 있다. 전기차, 자율주행차 등 조기 투자금 회수 시점을 당겨줄 수 있을 뿐 아니라 이익의 선순환을 통한 선도적 시장 전략으로 이어질 수 있다.

전기차,
이동 수단에서 개별 전원으로의 진화

전기차가 이동 수단인 모빌리티를 넘어 하나의 개별 전원이 되어 전력망에서 작동하는 기술은 V2L을 통해 가능하다. V2L은 전기차에 탑재된 배터리를 대용량 보조 배터리 개념으로 활용하는 기술이다. 앞서 살펴본 대로 이 기술은 2018년 닛산 전기차 리프에 처음 적용되었으나 당시에는 주목받지 못했다.

기존 전기차는 단방향으로 충전만 가능한 구조다. 그러나 현대차의 전기차 전용 플랫폼 E-GMP 기반의 전기차는 별도의 제어기나 연결 장치 없이도 110V나 220V 등 일반 전원을 전기차 내외부로 공급할 수 있다. 이러한 기능은 통합 충전 시스템(ICCU), 차량 충전 관리 시스템(VCMS)을 통해 구현할 수 있다.

V2L을 통한 최대 공급 전력은 주택용 계약 전력 3kW보다 많은 3.5kW다. 주택용 계약 전력은 한국전력공사와 어느 정도의 전기를 쓸지 계약하고 이에 맞게 공급받는 전력을 말한다. E-GMP 기반의 전기차는 220V 완속 충전, 전자제품용 양방향 전력 사용, 비상 시 외부 전력원 등으로 활용할 수 있고 다른 전기차를 완속 충전할 수도 있다.

현재 충전 시스템은 400V 충전 시스템을 갖춘 전기차를 위한 50~150kW급 충전기가 대부분이다. 하지만 현대차그룹은 800V 충전 시스템을 갖춘 350kW급 초고속 충전 인프라를 설치하고 있다. E-GMP는 800V 고전압 충전 시스템을 기본적으로 적용하고 있어 80% 충전까지 18분이 소요되며 1회 완충 시 500km 이상, 5분 충전으로는 100km 주행할 수 있다. 별도의 제어기 없이 800V와 400V 충전이 모두 가능한 것은 세계 최초이며, 400V를 주행 모터와 인버터에 활용하고 800V로 승압하는 기술에 특허를 획득했다. 또한 급속 충전이 가능한 대용량 배터리가 탑재되어 전기를 쉽게 충전·사용할 수 있고 충전 시 주행거리도 410~430km로 충분하기 때문에 아이오닉5에 V2L을 적용했다.

현대모비스는 2017년 8월 V2G 구현을 위한 핵심 부품 중 하나인 전기차 탑재형 양방향 충전기를 국내 최초로 개발했다. 양방향 충전기는 차량이 교류와 직류를 동시에 변환하고 전송하며 전압과 전류를 전력망과 전압 변환기에 동기화할 수 있게 한다. 이를 기반으로 한 전력 변환 유닛인 ICCU를 아이오닉5에 국내 최초로 장착했다.

· V2L 개요 ·

V2L (Vehicle to Load)

E-GMP는 별도의 제어기나 연결 장치 없이도 110V나 220V 등의 일반 전원을 전기차 내외부로 공급할 수 있는 V2L(Vehicle to Load) 기능을 지원한다. 통합 충전 시스템(ICCU) 과 차량 충전 관리 시스템(VCMS)을 통해 별도의 추가 장치 없이 구현이 가능하다.

※ ICCU(Integrated Charging Control Unit)
    차량에 있는 고전압 배터리와 보조배터리 모두 충전이 가능하도록 새롭게 개발한 현대자동차그룹의 통합 충전 시스템. OBC의 경우 기존 단방향만 충전 가능했던 기능을 개선해 양방향 전력변환이 가능 하도록 했다.

※ VCMS (Vehicle Charging Management System)
    차량 충전관리 시스템

실내
차량 콘센트,
V2L 전용 커넥터
전원 공급
VCMS
실외

고전압 배터리   통합 충전 시스템
                        ICCU

차량 내부
차량 외부   가전/캠핑 기기

휴대용 충전기
*ICCB
차량 외부   전기차

HYUNDAI
MOTOR GROUP

자료: 현대자동차

또한 이는 배터리 전기차나 플러그인 하이브리드차, 수소연료전지차 등 전기 구동차에 저장된 전기를 가정이나 건물 또는 전력망에 보내기 위한 기술이기도 하다. 이 기술로 전기차를 이동 가능한 대용량 ESS로 활용할 수 있다. 즉 양방향 충전기는 V2G를 통해 친환경차와 전력망을 연결하는 핵심 부품일 뿐만 아니라 전기차 소유자가 저렴하게 차를 충전하고, 전력 수요가 많을 때 높은 가격에 전기를 판매할 수 있게 한다.

전기차 한 대의 배터리 용량은 5가구가 하루 동안 이용할 수 있는 에너지의 규모와 동일하다. 국내 아이오닉5 롱레인지에 장착된 배터리 용량 72.6kWh 중 주행에 필요한 30%를 제외한 50.8kWh를 에너지 스토리지로 활용할 수 있다. 이는 실제 테슬라가 판매 중인 미국 가정용 ESS 파워월의 용량 13.5kWh 3.8개에 해당하는 용량이다. 이 때문에 전기차 선대를 활용해 전력망의 잠재적 스토리지로 활용하면 전력 공급 부족이나 재생 에너지 기반의 공급 가변성 문제를 극복할 수 있다.

그렇다면 현대차그룹은 자동차 산업의 변화를 어떻게 인지하고 대응하는지 살펴보자. 최근까지의 현대차그룹 전략을 살펴보면 E-GMP 기반 플랫폼을 적용하고 수소연료전지 시스템, BMS, PE 모듈 등 내재화한 핵심 기술을 바탕으로 친환경차 시장에 적극적으로 대응하고 있다. 또한 자율주행과 관련해 미국 모빌리티 기업인 앱티브(Aptiv)와의 합작법인인 모셔널(Motional)은 물론, 벨로다인(Velodyne), 코드42(CODE 42) 등의 업체와 투자·제휴·협력을 이어가고 있다. 이를 통해 장기적으로 로보택시 등 모빌리티 솔루션 사업을 향한 과정을 밟고 있다. 2020년 이후 현대차그룹의 신규 사업의 상당 부분이 수소나 전기차 기반의 친환경 기술과 탈탄소 비전임을 생각해보면 지금까지 살펴본 경쟁 업체들의 전략과 닮은 점이 많다.

현대차는 스위스 수소 에너지 기업 H2에너지(H2 Energy)와의 합작법인인 현대하이드로젠모빌리티(Hyundai Hydrogen Mobility)를 통해 유럽에서 수소연료전지 트럭을 활용해 차량 운행과 충전을 제공하는 구독 서비스(pay per use) 사업 진출을 발표했다. 구독 서비스는 수소 트럭 생산과 판매뿐 아니라 충전을 위한 수소 생산(암모니아 크래킹·수전해·메탄 개질), 운반(한국가스공사와 MOU 체결)과 충전 인프라 구축을 포괄하고 있다. 수소 모빌리티 생태계 구축과 직접적으로 연결되며 수소연료전지 기반의 수소 생산·유통, 차량 제조·생산, 유지 보수로 영역을 확장한다는 점에 주목할 만하다.

기아차는 자사의 높은 유럽 판매 비중과 배터리 전기차 기술 경쟁력에 기반해 전동화 사업 전망을 강조했다. 이후 E-GMP 기반의 전용 배터리 전기차를 출시해 중장기 매출 확대에 자신감을 피력했다. 수익성 또한 장기적으로 내연기관을 웃돌 수 있다고 밝혔다. 이는 전기차용 신규 플랫폼과 추후 범용 아키텍쳐, 구동·배터리 관리 기술 내재화 등을 통해 상품성을 높이고 원가를 절감해 수익성을 개선한 전략에 기반한 전망이다. 현대차는 아이오닉 브랜드를 따로 분리해 전동화 전략을 구체화하고 있다.

현대모비스는 현대·기아차 친환경차 판매 증가로 2020년 3분기 전동화 부문의 분기 매출액이 1조 원을 돌파했다. 현대차그룹에서 전기차·친환경차 판매 증가보다 E-GMP 이후 확대되는 콘텐츠가 높은 매출 성장세를 보일 것으로 전망된다. E-GMP 전용 모델 출시와 수소연료전지차 생산 능력 증량에 따른 매출 증가 추세가 이를 방증한다. 2020년 1만 대, 2021년 2만 대, 2023년 4만 대로 생산 대수가 증가했으며, 수소연료전지 시스템은 한 대당 약 4천만 원 수준이다. 2021년 제네시스에 우선 탑재될 OTA는 추후 모빌리티 생태계 구축에 기본이 되는 통신 시스템이다. OTA를 활용한 소프트웨어 업데이트를 가능하게 할 5G 기반 통신 모듈도 직접 수주해 적용했다.

현대위아는 E-GMP 신규 아키텍처에 장착할 열관리 시스템(2023~2024년 목표)에 이어 차세대 수소연료전지차에 탑재될 수소 저장 시스템과 공기 압축기 사업 진출 계획을 밝혔다. 사업 초기 외부에 의존했던 핵심 기술을 그룹 내로 내재화하고 있다는 측면에서 배터리 전기차·수소연료전지차 기반의 신규 사업 확장 가능성에 무게를 둘 수 있다.

현대건설은 수소연료전지 기술을 활용한 스마트 시티 구축과 발전 사업 진출 가능성을 언급했다. 또한 정부의 친환경차 중심 모빌리티 보급 확대 의지를 재차 확인했다. 현대글로비스는 배터리 솔루션 서비스를 통해 전기차 배터리 수명 감소나 충전 인프라 한계를 극복하고 차량 구매 고객에 대한 편의 제공 서비스를 구축할 계획을 밝혔다. 이를 통해 수소 생태계 구축과 관련한 수소 저장·운반·유통 분야의 신사업을 강조하고 있다.

· 현대차그룹의 친환경 기술 기반의 사업 확장 기회 ·

파리기후변화협약: 이산화탄소 60% ↓ (2015~2050년)						
재생 에너지: 20%(2013년) → 67%(2050년)			전기화: 순수 전기차, 수소연료전지차			
계절 변동: 여름, 겨울	지역 불균형		전기차 배터리 사용	인프라 구축 비용 ↑	친환경 분산형 발전	
'장기적·대규모' 에너지 저장 및 제공 솔루션 필요			재활용 필요		그리드 안정성 문제	
솔루션: 수소			ESS	피크 셰이빙 (충전 제어)	ESS·수소 발전소	
$2H_2O$ → $2H_2 + O_2$	$3NH_3$ → $N_2 + 3H_2$	→ 주유소 → 수소연료 전지차 → 수소 → 전기				
① 전해질	② 암모니아 크래커	③ 주유소	④ 수소 발전소	⑤ 재활용 배터리 기반 ESS	⑥ 수요 관리 및 스마트 충전	⑦ 분산형 전원
수소 에너지				전기 에너지		

1) COP: Conference of the Parties to the UNFCCC(United Nations Framework Convention on Climate Change)
2) 34 Gt in 2015 to 26 Gt in 2030 and 13 Gt in 2050(IEA, 2017)

자료: 현대자동차, 산업자원통상부

현대차와 기아차는 CEO 인베스터 데이(CEO Investor Day)와 플랜 S(Plan S)에서 각각 자사의 전동화 사업 목표를 발표했다. 앞서 소개한 일련의 신규 사업은 양사가 추구하는 장기적인 비전과 맥락을 같이한다. 그룹 차원의 친환경차 비전과 운영 전략을 조합해보면, 현대차그룹은 차량 보급을 넘어선 밸류 체인 비즈니스와 연계한 사업을 염두에 두는 것으로 보인다. 수소연료전지차 비전을 통해 수소연료 전지 시스템을 활용한 운송 사업 확대 적용, 발전 분야 사업 확장을 언급하며, '재생 에너지 – ESS, 수소 생산 – 저장·유통 – 발전' 등 밸류 체인 관련 연계 사업을 밝혔다.

이러한 비전을 통해 현대차그룹은 초기 배터리 전기차 상품성 극 대화와 규모의 경제를 확보하며(범용 아키텍쳐, 800V 고속 충전) 전기차 대중화, 모빌리티와 연계한 비즈니스 모델 확장에 주력하고 있다. 우 선 2023년 배터리 전기차 100만 대 판매를 달성하기 위해 내연기관 과 전기차의 범용 아키텍쳐 플랫폼을 론칭하고, 800V 고전압 배터리 충전 시스템을 통해 고속 충전으로 상품성을 개선할 계획이다.

플랫폼을 활용한 상품 라인업 확대도 규모의 경제 확보를 위한 전 략의 하나로 보인다. 로보택시의 경우 2021년 레벨 4 파일럿 운행, 2023년 레벨 4 선대 판매를 목표하고 있다. 모빌리티 연계도 서비스 최적화된 모델을 바탕으로 선대 운영자를 타겟 모델로 해 점진적으 로 확대를 고려해볼 수 있다.

OEM은 모빌리티 생태계 전환 국면에서 전기차 플랫폼 확장성과 생태계 구축을 위한 제휴와 품질·가격 경쟁력을 조기에 확보할 수 있 는지가 중요해질 전망이다. 이는 곧 신규 사업자들에 대한 진입 장벽 을 높이는 주요인이 될 전망이다. 앞서 말했듯이 보급 차량에 기반한 새로운 사업 진출은 전기차, 자율주행차 등 조기 투자금 회수 시점을 당겨주고 이익의 선순환을 가져올 수 있다.

현대차그룹을 비롯한 자동차 업체들은 에너지 전환과 규제 대응

등 차량 판매 극대화와 맞물린 다양한 이슈에서 사업 기회를 모색하고 있다. 재생 에너지의 간헐성을 극복하기 위한 장기적이고 대규모인 에너지 스토리지와 운반을 위한 솔루션인 수소 사업, 전력 수요 피크에 따른 인프라 건설 비용의 증가, 그리드의 안정성, 폐배터리의 증가 이슈가 바로 그것이다.

현대차, 기아차, 현대모비스 등 국내 자동차 업체는 전기차, MSP (클라우드 서비스 제공업체), 자율주행 소프트웨어 스타트업 기업과의 투자·제휴, E-GMP를 활용한 신규 고객 확보, PBV(목적 기반 차량) 사업 진출 등 주요 경쟁사와 비교해 선제적인 대응 전략을 펼치고 있는 것으로 보인다. 전략의 효과가 가시화되는 구간에서 투자금 회수를 앞당기고, 변화하는 시장에 선도적인 위치로 도약할 수 있을 것으로 기대된다.

Chapter 6

에너지 대전환의 주역, 태양광과 배터리에 투자하자

⚡

에너지 전환은 더는 선택이 아니다. 탄소국경조정의 도입으로 재생 에너지 투자는 기업 및 국가 경쟁력과 직결되고 있다. 에너지 전환의 주역은 태양광과 배터리(2차전지)다. 리튬이온배터리는 일본에서 상업화되었지만, 한국과 중국에서 꽃을 피우고 있다. 앞으로도 당분간 한국과 중국이 배터리 산업을 주도할 것으로 보인다. 관련 기업들의 투자 매력 또한 더욱 높아질 것이다. 태양광 산업은 중국이 대부분 제품에서 70% 이상 점유율을 차지하고 있지만, 최근 강화되는 ESG 이슈로 인해 그 위치가 위협받을 것으로 전망된다. 한국을 포함한 중국 외 지역 태양광 업체에 주목할 때다.

중국 배터리 산업의 현재와
LFP 배터리의 가능성

중국 전기차 시장은 2020년 코로나19에도 불구하고 처음으로 100만 대를 넘어섰다. 중국은 2020년 14차 5개년 계획에서 2025년 친환경차 판매 비중을 20%까지 끌어올리겠다는 야심 찬 목표를 발표했다.

당시만 하더라도 중국의 전기차 판매 비중은 전체 시장에서 10%에 미치지 못했다. 하지만 중국 정부의 강력한 지원으로 2021년이 채 끝나기도 전에 이미 10%를 훌쩍 넘었다. 중국의 자동차 판매가 2,500만 대 수준임을 감안하면 2025년에는 연간 신에너지차 500만 대를 판매하게 될 것이다. 그렇다면 연간 80만 대 수준의 순증이 있어야 한다.

중국 자동차 시장에서 완성차 판매량이 여전히 증가하고 있다는

· 중국 월간 전기차 판매량 ·

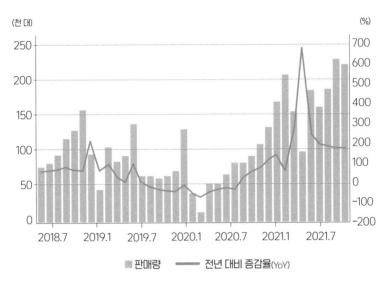

자료: 중국승용차연석회의(CPCA)

· 중국 신차 판매 중 전기차 판매 비중 ·

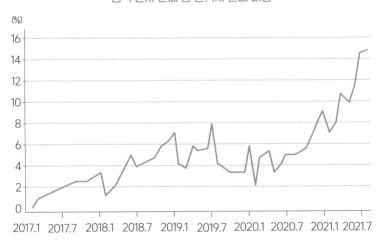

자료: 중국승용차연석회의

사실을 감안하면, 2025년까지 전기차 판매 수는 연간 평균 100만 대씩 순증할 것으로 보인다. 이러한 거대한 내수 시장과 강력한 중국 정부의 지원으로 한동안 고성장세를 이어갈 것이 분명하다. 2021년 7월 말 중국 정부는 시진핑 주석 주재로 회의를 열고 인터넷 기업과 같은 빅 테크 기업에 대해서는 지속적인 규제를 가하는 반면, 제조업 중심 성장은 더욱 적극적으로 지원하겠다는 의지를 표명했다. 따라서 전기차 산업에 대한 중국 정부의 지원은 이어질 전망이다.

중국 대표 배터리 업체이자 세계 최대 배터리 업체인 CATL은 독일에 배터리 공장을 건설하고 있다. 이 공장은 14GWh 규모로 시작하지만 2025년 100GWh 수준까지 증설할 전망이다. CATL은 한국 배터리 업체들처럼 NCM(리튬·코발트·망가니즈)을 중심으로 한 3원계 배터리 개발에 공을 들여왔다. 3원계 배터리란 세 가지 원자재가 들어가는 배터리를 일컫는다. 중국 내 경쟁사 BYD가 상대적으로 에너지 밀도는 떨어지지만 가격 경쟁력이 높은 LFP(리튬인산철) 방식 배터리 개발에 집중해온 것과는 다른 행보다.

이러한 결과로 2021년 하반기부터 출시되는 벤츠의 럭셔리 세단인 EQS에 NCM 배터리를 공급하게 되었다. 벤츠의 첫 번째 전기차인 EQC SUV에 LG에너지솔루션의 배터리가 사용된 것을 감안하면 CATL의 3원계 배터리 기술이 상당 부분 진전을 이룬 것이 아닌가 생각된다. 중국 내수 시장에서 성장하던 중국 배터리 업체들은 이제 세계 시장을 넘보기 시작했다.

중국 업체들이 주력으로 사용하는 배터리 케미스트리는 LFP, 즉 리튬인산철 방식이다. 일각에서는 LFP 배터리가 에너지 밀도가 낮아 한계가 크다고 평가하기도 한다. 그러나 LFP는 가격 경쟁력이 높다는 큰 장점이 있다. 가격이 비싼 니켈, 코발트 등의 광물을 사용하지 않고, 가장 가격이 낮은 철을 사용한다. 2021년 8월 기준 니켈과 코발트의 가격은 각각 1톤당 1만 9천 달러, 5만 2천 달러 수준인 데 반해, 철광석은 1톤당 179달러로 대단히 저렴하다. 코발트를 쓰지 않는다는 것만으로도 매력이 크다. 코발트는 가격이 비쌀 뿐만 아니라 콩고민주공화국에서 70%가량이 생산되는데 인권 문제와 공급망 불안정성 등 걱정거리가 많은 큰 광물이기 때문이다.

또한 LFP 배터리는 3원계 배터리 대비 수명 측면에서 장점이 있다. 보통 배터리는 충전과 방전을 여러 번 하면 초기 대비 용량이 점점 줄어든다. LFP 배터리는 충전과 방전을 여러 번 하더라도 최초 용량을 상당히 유지한다. 따라서 충전 시설이 확충되면 장점이 더욱 부각될 수 있다. 한번 충전해서 운행할 수 있는 거리는 짧지만, 자주 충전하더라도 배터리가 받는 부담은 적다는 것이다. 게다가 안전성 면에서도 국내 배터리 업체들의 주력하는 3원계 배터리보다 일반적으로 높은 점수를 받고 있다. 따라서 LFP 케미스트리가 가진 특성이 꽤 매력적인 만큼, 이를 바탕으로 빠르게 성장할 것으로 전망된다.

이러한 장점 덕분에 LFP 배터리는 주요 완성차 업체에서 러브콜을 받고 있다. 먼저 LFP 배터리 사용량 확대를 언급한 기업은 테슬라다. 테슬라는 2019년 말부터 상하이 기가팩토리에서 대표 차량인 모델3를 양산하기 시작했고, 2021년부터 모델Y 역시 생산하기 시작

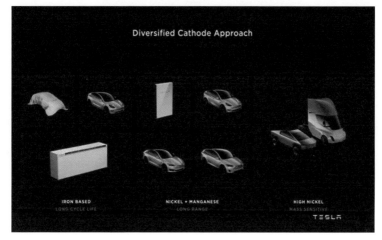

자료: 테슬라

했다. 이 중 장거리 고급 모델인 롱레인지와 퍼포먼스 모델에는 LG 에너지솔루션의 배터리를 사용하지만, 주행가능거리가 가장 짧은 SR(Standard Range)에는 CATL의 LFP 배터리가 사용된다. 테슬라는 2020년 테슬라 배터리 데이에서 저가형 모델과 ESS에 LFP 배터리의 사용을 늘릴 것이라고 예고했다. 2021년 2분기 실적 발표에서도 테슬라의 최대 규모 ESS인 메가팩에 LFP를 사용하겠다고 밝혔다. 메가팩과 같은 전력용 ESS는 면적 제약이 적다. 따라서 에너지 밀도, 즉 부피 대비 에너지가 적다는 단점이 크게 부각되지 않는다. 3분기 실적 발표에서는 향후 가장 엔트리 모델인 SR에서 LFP 배터리만을 사용할 것임을 공식화했다.

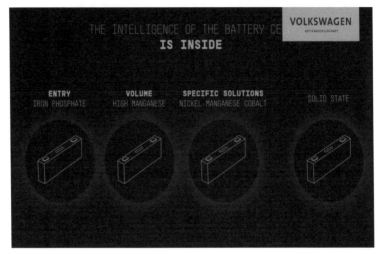

자료: 폭스바겐

2021년 3월 파워 데이에서 공격적인 전동화 계획을 밝힌 폭스바겐 역시 보급형 저가 모델에서는 LFP 배터리를 사용할 것이라고 밝혔다.

LFP 배터리는 CTP(Cell to Pack), CTC(Cell to Chassis)와 같은 패키징(packaging) 기술 발전을 바탕으로 셀에서의 에너지 밀도 열위를 최대한 극복해 나가고 있다. 자동차용 배터리는 보통 가장 작은 단위가 셀, 이를 묶은 것이 모듈이며, 모듈에 BMS, 냉각 시스템 등 각종 제어 및 보호 시스템을 장착한 것이 팩이다.

한편 최근 테슬라가 향후 상하이 공장에서 생산되는 모델Y에 BYD가 만든 블레이드 배터리(Blade Battery)를 2022년 2분기부터 사

· 배터리 셀, 모듈, 팩 설명 ·

구분	정의
배터리 셀 (cell)	전기 에너지를 충전·방전해 사용할 수 있는 리튬이온전지의 기본 단위. 양극재, 음극재, 분리막, 전해액을 사각형 알루미늄 케이스에 넣어 만듦.
배터리 모듈 (module)	배터리 셀을 외부 충격과 열, 진동 등으로부터 보호하기 위해 일정한 개수로 묶어 프레임에 넣은 배터리 조립체(assembly).
배터리 팩 (pack)	전기차에 장착되는 배터리 시스템의 최종 형태. 배터리 모듈에 BMS, 냉각 시스템 등 각종 제어 및 보호 시스템을 장착해 완성됨. (예: BMW i3의 배터리 팩은 8개 모듈(모듈당 12개 셀)이 들어감.)

자료: 삼성SDI

· 배터리 시스템 개요 ·

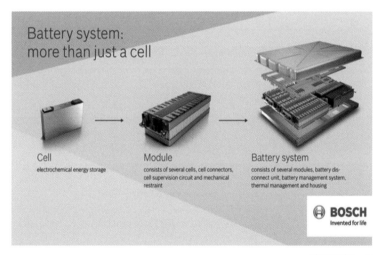

자료: 보쉬(Bosch)

자료: Insideev.com

용할 것이라는 설이 힘을 얻고 있다. 현대차 역시 BYD의 블레이드 배터리 사용 가능성이 제기되고 있다. 이미 BYD는 현대차 전담 부서를 만들고 이에 집중하고 있다고 알려졌다. 또한 향후 자사의 모든 자동차의 배터리에 블레이드 배터리를 적용할 예정이다. BYD는 유럽 고객들과 해외 공장 건설 계획도 논의 중이라고 밝혔다.

블레이드 배터리는 단일 셀이 집합체로 배열되어 배터리 팩에 직접 삽입된다. 모듈 단계를 생략한 것이다. 또한 배터리를 96cm로 길게 만들어 공간 활용을 극대화했다. BYD는 이런 구조로 배터리 팩 공간 활용도가 기존 LFP 배터리 대비 50% 이상 증가한다고 밝혔다. 안전성이 상대적으로 높은 LFP라는 케미스트리 특성, 그리고 각형이라는 물리적 외형을 바탕으로 성능을 극대화한 것으로 보인다. 이를 바탕으로 팩 기준의 에너지 밀도에서는 3원계 배터리 중 여전히 사용되고 있는 NCM622 수준의 에너지 밀도를 확보한 것으로 추정된다.

중국승용차연석회의에 따르면 2021년 7월 사상 처음으로 중국 내에서 LFP 배터리 채용 비율이 3원계 배터리 비중을 앞섰다. 중국뿐만 아니라 유럽을 중심으로 LFP 배터리 채용 비율이 증가하고 3원계 배터리에서도 일정 부분 성과를 내고 있다. 결론적으로 자국 시장의 고성장과 중국 정부의 전폭적인 지원, 그리고 해외 시장으로의 확장까지 더해 중국 대표 배터리 업체인 CATL과 BYD의 고성장은 지속될 것으로 전망된다.

에너지 전환의 주역으로 성장한 한국 배터리 산업

한국은 에너지 자원이 부족한 국가지만, 배터리 산업의 성장으로 전 세계 에너지 산업의 중심으로 성장하고 있다. 이에 따라 한국 배터리 산업은 에너지 전환을 이끄는 주역으로 자리매김할 것이다. 따라서 한국 배터리 및 배터리 소재 업체를 알아보고 이에 맞춰 투자해야 한다.

한국 배터리 셀 3사, 즉 LG에너지솔루션, 삼성SDI, SK이노베이션의 합산 예상 매출액은 2021년 34.6조 원으로 전년 22.8조 원 대비 52%가량 증가할 것으로 전망된다. 또한 2023년까지 매출액이 51.5조 원 수준으로 늘어날 것으로 보인다. 이 중 LG에너지솔루션의 예상 매출액이 2021년 기준 20조 원으로 양사 매출액을 모두 합친

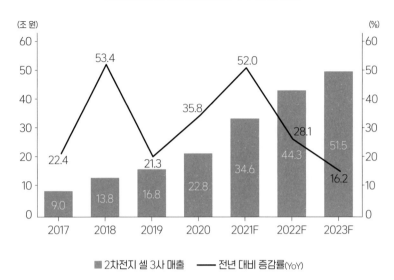

· 국내 배터리 셀 3사 합산 매출액 추이 및 전망 ·

(조 원)

■ 2차전지 셀 3사 매출 ── 전년 대비 증감률(YoY)

자료: 각사 자료, 현대차증권 전망

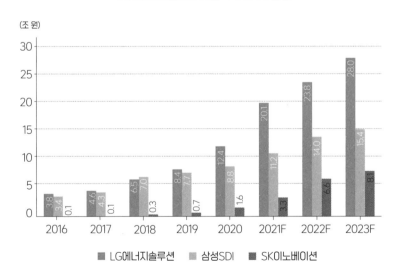

· 국내 배터리 셀 3사 매출액 추이 및 전망 ·

(조 원)

■ LG에너지솔루션 ■ 삼성SDI ■ SK이노베이션

자료: 각사 자료, 현대차증권 전망

(단위: GWh)

순위	제조사명	2020년 1~6월	2021년 1~6월	성장률	2020년 점유율	2021년 점유율
1	CATL	10.2	34.1	234.2%	22.7%	29.9%
2	LG에너지솔루션	10.4	28.0	169.8%	23.1%	24.5%
3	파나소닉	10.1	17.1	69.0%	22.5%	15.0%
4	BYD	2.6	7.8	203.6%	5.7%	6.9%
5	삼성SDI	2.9	5.9	107.3%	6.4%	5.2%
6	SK이노베이션	2.3	5.9	162.3%	5.0%	5.2%
7	CALB	0.8	3.2	314.8%	1.7%	2.8%
8	Guoxuan	0.7	2.2	225.7%	1.5%	1.9%
9	AESC	1.7	2.0	14.5%	3.8%	1.7%
10	PEVE	0.9	1.2	39.5%	2.0%	1.1%
	기타	2.5	6.7	164.3%	5.6%	5.9%
	합계	45.0	114.1	153.7%	100%	100%

주: 전기차 판매량이 집계되지 않은 일부 국가가 있으며, 2020년 수치는 미집계된 국가 자료를 제외함

자료: SNE리서치

것보다 더 크다. LG에너지솔루션은 2020년 LG화학에서 물적 분할했고, 현재 LG화학이 100% 지분을 보유하고 있으나 향후 상장을 준비하고 있다.

LG에너지솔루션은 2021년 상반기 기준 전 세계 2위 전기차용 배터리 공급사다. 그리고 삼성SDI가 5위, SK이노베이션이 6위로 국내 3사가 전 세계 전기차용 배터리의 약 40%를 공급하고 있다. 자국 업

(단위: GWh)

순위	제조사명	2020년 1~5월	2021년 1~5월	성장률	2020년 점유율	2021년 점유율
1	LG에너지솔루션	6.0	16.4	172.9%	28.8%	35.5%
2	파나소닉	7.1	12.8	80.2%	34.1%	27.8%
3	삼성SDI	2.3	4.7	106.1%	10.8%	10.1%
4	SK이노베이션	1.8	4.5	149.6%	8.6%	9.7%
5	CATL	1.1	4.4	311.9%	5.2%	9.6%
6	AESC	1.5	1.6	11.1%	7.1%	3.6%
7	PEVE	0.6	0.9	37.6%	3.0%	1.9%
8	BYD	0.1	0.2	356.8%	0.2%	0.5%
9	LEJ	0.3	0.2	-20.1%	1.2%	0.4%
10	BEC	0.1	0.1	77.3%	0.3%	0.2%
	기타	0.1	0.3	150.3%	0.6%	0.7%
	합계	20.9	46.2	121.3%	100%	100%

주: 전기차 판매량이 집계되지 않은 일부 국가가 있으며, 2020년 수치는 미집계된 국가 자료를 제외함

자료: SNE리서치

체들에 배타적으로 우호적인 시장을 형성하고 있는 중국을 제외한 시장에서는 국내 업체들이 압도적인 1위를 차지하고 있다.

한국 배터리 업체들의 고성장은 유럽 시장의 성장에 힘입은 바 크다. 유럽은 폭스바겐 디젤 게이트 이후 전 세계에서 가장 빠르게 전동화 계획을 세우고 있다. 최근에는 핏포55 계획 발표를 계기로 2035년 이후 내연기관 자동차 판매 전면 금지를 추진한다. 한국 배

터리 업체 중에 LG에너지솔루션이 폭스바겐의 MEB 프로젝트에 대규모 배터리를 공급하고 있을 뿐 아니라 르노, 볼보 등 주요 완성차 OEM에도 배터리를 공급하고 있다.

삼성SDI는 아우디와 BMW에 배터리를 공급하는 등 전동화 전략에 크게 기여하면서 시장점유율을 확대해왔다. SK이노베이션은 후발 주자지만 유럽에서 현대차 코나에 배터리를 공급하고 있고, 향후 폭스바겐, 다임러를 포함한 주요 OEM 수주를 바탕으로 빠르게 성장해 나갈 것이다. 이를 위해 2018년부터 건설하기 시작한 헝가리 공장이 2019년 말 준공되었으며, 2022년 1분기에는 2공장이 준공되어 점차 유럽에서 입지를 확대할 예정이다.

반면 중국은 한국 업체가 생산한 배터리를 탑재한 자동차에 보조금을 주지 않는 방식으로 한국 업체들을 견제했다. 이에 따라 국내 배터리 3사의 중국 매출은 미미한 상황이다. 그러나 유럽 시장에서는 사정이 다르다. 국내 업체들이 대부분 배터리를 공급하고 있다. 또한 시장 역시 고성장하고 있다. 2020년 기준 유럽의 전기차 판매 대수는 133만 대 수준으로 125만 대를 판매한 중국을 처음으로 따돌리며 전 세계 최대 전기차 시장으로 성장했다. 하반기 중 실시된 강력한 보조금 정책 덕택이었다.

하지만 한국 업체들은 유럽에서만 안주할 수 없는 상황이다. 현재 유럽 전기차의 대부분은 한국 업체의 배터리를 사용하지만, 중국의 거센 추격이 이어지고 있다. 또한 유럽 국가들은 유럽 배터리 업체를 육성하기 위해 전폭적으로 지원하고 있다.

· 유럽 전기차 판매량 ·

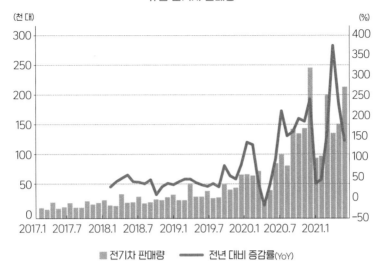

자료: 마크라인즈(Marklines), 현대차증권

· 유럽 신차 판매 중 전기차 판매 비중 ·

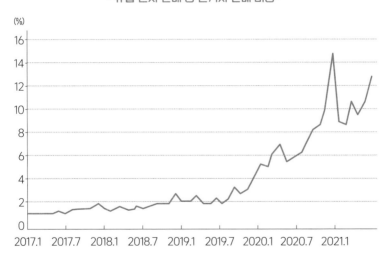

자료: 마크라인즈, 현대차증권

중국 업체들의 도전과 유럽 기업들의 내재화 사이에서 한국 배터리 셀 3사는 어떻게 살아남을 수 있을까? 국내 배터리 업체들은 중국 배터리 업체들이 쉽게 확장하기 어려운 미국 시장을 바탕으로 2023년 이후 고성장을 이어가며 우위를 더욱 공고히 할 것으로 판단된다. 조 바이든 미국 대통령 취임 이후 미국과 중국의 관계는 더욱 얼어붙었다. 바이든 대통령은 대외 정책에서 중국 견제와 동맹 복원을 통해 미국의 리더십 회복에 주력하고 있다. 또한 미중 관계를 경쟁 관계로 규정하고 있으며, 무역·인권·사이버 보안 등 다양한 이해관계를 두고 중국과 지속적으로 마찰을 빚고 있다.

이러한 강경한 정책 기조는 트럼프 행정부의 강경 대중 정책을 이어가는 것이지만 들여다보면 차이점이 있다. 트럼프 행정부가 중국을 직접 압박했다면 바이든 행정부는 동맹과 연대를 통해 견제를 강화하며 언뜻 더 조직적이고 치밀해 보인다. 특히 자동차 산업은 향후 '커넥티트 카(connected car)'로 발전해 자동차에 엄청난 양의 데이터를 처리하게 될 것인데, 데이터 통제가 중요한 상황에서 미국이 중국에 전기차와 자율주행차 관련 부품 시장을 개방하기는 쉽지 않을 것이다.

이러한 미국의 중국 견제는 배터리 산업에도 커다란 영향을 미칠 것이다. 전 세계 완성차 판매 3대 시장은 미국, 유럽, 중국이다. 3대 시장이 연간 약 6천만 대의 자동차를 팔아 전 세계 판매량의 60% 이상을 차지하고 있다. 하지만 미국은 전기차 시장에서 뒤떨어졌다. 2020년 중국과 유럽의 전기차 시장이 연간 100만 대 시장을 열어갈

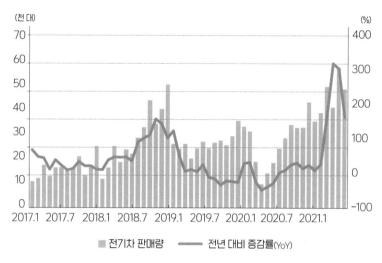

· 미국 전기차 판매량 ·

전기차 판매량 전년 대비 증감률(YoY)

자료: 마크라인즈, 현대차증권

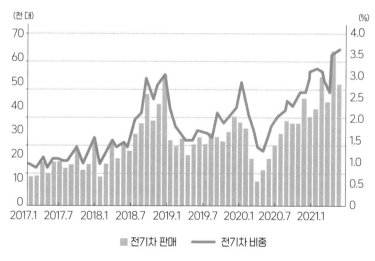

· 미국 신차 판매 중 전기차 비중 ·

전기차 판매 전기차 비중

자료: 마크라인즈, 현대차증권

때, 32만 대 판매에 그쳤다. 트럼프 행정부 4년간 파리기후변화협약에서 탈퇴하면서 오바마 행정부에서 강화한 자동차 연비 규제를 완화하는 등 전 세계 시장의 흐름과 다르게 정책을 펼쳐왔기 때문이다.

하지만 바이든 행정부가 들어서면서 상황은 180도 바뀌었다. 최근 바이든 대통령은 2030년까지 전기차 판매 비중을 신차 시장의 50%까지 확대하겠다는 행정 명령에 서명했다. 미국의 전기차 시장도 바야흐로 성장의 순간이 찾아왔다. 하지만 미국은 아직 전기차 핵심인 배터리 기술과 밸류 체인이 확보되어 있지 않다. 따라서 전 세계 시장을 양분하고 있는 한국 배터리 업체들과의 협업이 불가피하다. 이러한 미국의 변화로 한국 배터리 업체들의 미국 현지 공장 증설이 가속되고 있다. 대부분 미국의 대표 완성차 기업인 GM, 포드와의 합작 공장이다.

GM은 오랜 협력 관계에 있던 LG에너지솔루션과 합작법인인 얼티움 셀즈(Ultium Cells)를 설립해 35GWh 수준의 공장을 건설하고 있으며, 추가로 35GWh 공장 건설이 이미 결정되었다. 향후 추가 증설 가능성도 남아 있다. GM은 최근 전기차 판매 목표치를 상향해 2025년 연간 100만 대, 2035년에는 전기차만 생산할 예정이라고 밝혔다.

코로나19 이전인 2019년 GM은 미국에서 약 194만 대의 완성차를 판매했다. 200만 대가량의 전기차를 2035년까지 판매하기 위해서는 적어도 150~200GWh 규모의 배터리가 필요할 것으로 추정된다. 또한 GM은 전기차 전용 플랫폼 개발을 통해 브라이트드롭

(BrightDrop)이라는 모빌리티 기반의 운송 솔루션을 론칭했다. 이를 통해 PBV 사업을 확대할 예정이다. 이미 물류용 전기밴인 EV600이 2023년부터 인도될 예정으로 1만 대 이상 계약이 성사된 상태다. 한 편 LG에너지솔루션은 GM 향 외에도 원통형 배터리를 포함해 추가로 70GWh를 투자할 예정으로 미국에서만 140GWh 이상의 생산설비가 들어설 전망이다.

SK이노베이션은 미국에 20GWh 규모의 공장을 건설해 폭스바겐과 포드에 배터리를 공급할 예정이다. 1공장은 2022년부터 폭스바겐 ID4 SUV와 포드의 전기 픽업트럭인 F-150 라이트닝에 배터리를 공급한다. 2공장은 2023년부터 NCM 9½½(NCM 구반반) 배터리를 F-150에 탑재할 계획이다. NCM 9½½은 니켈 90%, 코발트 5%, 망간 5%로 구성된 차세대 배터리다. 포드의 F시리즈 픽업트럭은 40년 이상 연속으로 미국에서 트럭 판매 1위를 기록한 베스트 셀링 모델이다. SK이노베이션은 포드와 배터리 합작사 블루 오벌 SK(Blue Oval SK)를 출범해 60GWh 배터리 합작 공장을 건설하기로 결정했다.

포드 역시 2035년부터 미국 내 내연기관차 판매를 중단할 것이라는 계획을 발표했다. 포드는 2019년 170만 대의 차량을 미국 내에서 판매했다. 이를 모두 전기차로 생산할 경우 GM과 유사한 수준의 배터리가 필요할 것이다. 최근 SK이노베이션은 파이낸셜 스토리에서 블루 오벌 SK와의 협력 규모가 240GWh까지 확대될 수 있다고 밝혔다. 또한 포드 최고생산플랫폼·운영책임자(COO)는 SK이노베이션과의 합작이 유럽까지 확장될 것이라고 밝힌 만큼 추가적인 증설 발표

기업	미국 내 설비 투자 현황 및 계획
LG 에너지솔루션	• 미시간주: 5GWh • GM 합작(얼티움 셀즈) • 오하이오주: 35GWh, 테네시주: 35GWh • 원통형 포함 '그린 필드(green field) 프로젝트' 70GWh 추가 투자 예정
SK 이노베이션	• 1공장: 9.0GWh(2022년 양산 시작)에서 폭스바겐 ID4, 포드 F-150 라 이트닝 • 2공장: 11.7GWh(2023년 양산 시작)에서 포드 F-150 • 블루 오벌 SK(포드와의 합작법인): 60GWh(2025년 또는 2026년 추정)
파나소닉	• 미국 기가팩토리(테슬라 향) 35GWh 운영 중(배터리 팩 기준 44GWh) • 2022년까지 39GWh로 증설 예정(배터리 팩 기준 48GWh 추정)

자료: 각사, 현대차증권

가 있을 가능성이 크다.

아직 미국 증설을 발표하지 않은 기업은 삼성SDI뿐이다. 하지만 최근 삼성SDI 역시 미국 증설 의지를 밝히고 있다. 어쩌면 이 책을 집필하는 사이 투자가 결정될 가능성도 있다. 주목되는 파트너사는 스텔란티스(Stellantis)다. 스텔란티스는 푸조 시트로엥(PSA)과 피아트 크라이슬러(FCA)가 50 대 50으로 합병한 세계 4위의 완성차 업체다. 미국 3대 완성차 업체 중 하나인 크라이슬러는 아직 경쟁사인 GM, 포드와 다르게 배터리 협력 업체가 없다. 또한 삼성SDI가 오랫동안 크라이슬러 및 피아트 등에 배터리를 공급해왔기 때문에 충분히 협력할 가능성이 크다.

스텔란티스는 2025년부터 모든 신차를 전기차로 생산하겠다고

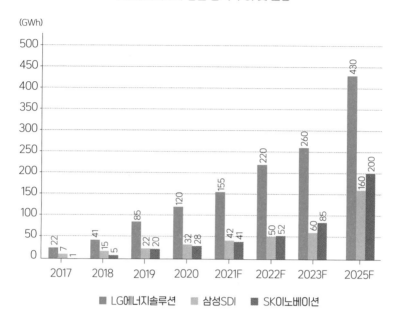

· 국내 배터리 3사 생산 능력 추이 및 전망 ·

(GWh)

2017: 22, 7, 1
2018: 41, 15, 5
2019: 85, 22, 20
2020: 120, 32, 28
2021F: 155, 42, 41
2022F: 220, 50, 52
2023F: 260, 60, 85
2025F: 430, 160, 200

■ LG에너지솔루션   ■ 삼성SDI   ■ SK이노베이션

자료: 각사, 현대차증권

선언했다. 2021년 7월 EV 데이(EV day)를 통해 5년간 40조 원을 투자해 유럽과 북미에 배터리 공장 5개를 건설하는 등, 250GWh 규모의 배터리 생산 설비 투자를 예고했다. 또한 미국에 50GWh 규모의 공장을 건설할 것이라고 밝혔다. 이 투자에 삼성SDI가 참여할 가능성이 커 보인다. 따라서 2020년 말 기준 30GWh 수준의 배터리 생산 능력을 보유한 삼성SDI는 최대 100GWh까지 미국 공장을 증설할 가능성이 크다.

미국을 중심으로 공격적인 확장을 통해 국내 배터리 3사 합산 배터리 생산 설비는 2020년 말 181GWh에서 2025년 말 800GWh로 300% 이상 성장할 전망이다. 규모 면에서는 LG에너지솔루션이 압도적으로, 중국 CATL과 1위 자리를 놓고 경쟁할 것이다. 가장 빠른 성장을 보이는 것은 SK이노베이션이다. SK이노베이션은 후발 주자임에도 불구하고 공격적인 수주를 통해 2023년에는 전기차용 배터리 생산량에서는 삼성SDI를 넘어설 것으로 전망된다.

이러한 국내 배터리 업체들의 고성장은 결국 소재 업체들의 고성장으로 이어질 것이다. 배터리 4대 소재 중 양극재, 분리막, 전해액을 생산하는 업체들에 대한 투자 매력이 높다고 할 수 있겠다. 특히 향후 차세대 배터리가 개발되더라도 지속적으로 사용될 양극재 업체들을 주목하는 것이 좋다. 또한 유럽에서 노스볼트(Northvolt)와 같은 신규 배터리 업체들이 시장에 진출하고 있고, 테슬라 역시 배터리 내재화를 진행하면서 3원계 배터리에 집중하고 있어 추가로 고객을 다변화할 기회가 있다. 따라서 양극재 업체들의 성장은 단순히 국내 업체들에 국한되지 않을 것이다.

한편 LG화학은 LG에너지솔루션을 물적 분할한 뒤 배터리 소재에 투자 역량을 집중할 것이다. 최근 LG화학은 2025년까지 26만 톤의 양극재 생산 능력을 갖출 것이라는 계획을 밝혔다. 2025년 29만 톤 계획을 밝힌 에코프로비엠, 2025년 27만 톤 계획을 밝힌 포스코케미칼과 함께 최대 양극재 업체로 성장할 전망이다. 또한 최근 LG전자에서 분리막 코팅 사업을 인수해 분리막 사업 진출 계획도 구체화하고 있다. 현재는 원단을 도레이에서 납품받아 코팅을 하는 구조이지

만, 향후 도레이와 합작법인을 통해 원단까지도 내재화할 것으로 전
망되어 빠르게 사업 가치가 성장할 것이다.

태양광 산업의 기회를 포착하라

전 세계 태양전지 설치량은 크게 늘어나고 있다. 매년 최대치를 경신하고 있지만 이 경향이 당분간 그치지 않을 것으로 보인다. 2021년 전 세계 태양광 설치량은 180GWh 수준으로 전망되는데, 즉 한국형 원전인 APR1400 원전 120기와 유사한 규모의 태양전지가 설치된 셈이다.

현재 사용되고 있는 태양전지 중 가장 많은 비중을 차지하는 것은 실리콘 전지로, 시장의 90% 이상을 차지하고 있다. 이 태양전지의 1차 소재는 폴리실리콘이다. 이를 녹여 잉곳을 만들고, 잉곳을 얇게 썰어 웨이퍼를 만든다. 이후 각종 처리를 거쳐 태양전지(셀)를 만들고 여러 개의 태양전지를 모아 태양광 모듈(패널)을 만든다. 그리고

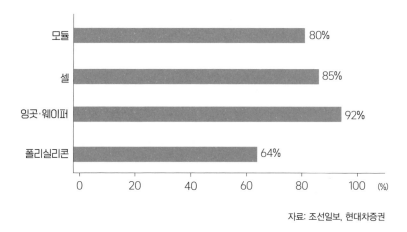

· 태양광 주요 밸류 체인 내 중국 점유율(2018년 4분기 기준) ·

모듈	80%
셀	85%
잉곳·웨이퍼	92%
폴리실리콘	64%

자료: 조선일보, 현대차증권

이 모듈들과 각종 전자기기를 모아 발전소를 건설하게 된다.

전 세계 결정질 실리콘 태양광 밸류 체인의 80~90%는 중국이 차지하고 있다. 문제는 거기서 시작된다. 중국 업체들의 공격적인 증설과 가격 경쟁으로 폴리실리콘 가격이 급락했고, 중국 외 지역 폴리실리콘 업체들은 상당 부분 사업을 정리했다. 2020년 초 폴리실리콘 제조업체인 OCI와 한화솔루션이 한국 공장에서 폴리실리콘 생산을 중단하면서 한국에서도 더는 폴리실리콘이 생산되지 않는다. OCI는 말레이시아에 있는 설비에서만 태양광용 폴리실리콘을 만들고, 아직 가동하는 일부 군산 공장은 반도체용 폴리실리콘을 생산하는 방향으로 전환하고 있다.

폴리실리콘과 관련해서는 중국 신장 지역 인권 탄압 문제가 얽혀 있다. 미국은 바이든 행정부가 집권하면서 중국 신장 지역의 인권 문제를 거론했다. 이는 대통령 후보 시절부터 예고되었다. 바이든 대통령의 선거캠프에서는 중국이 이슬람 소수민족 위구르의 인권을 탄압하는 것을 '인종청소(genocide)'라고 규정했다. 물론 중국 당국은 이에 거세게 항의하는 상황이다.

결국 미국에서는 신장에서 생산된 제품에 대한 수입을 금지하는 법안이 미국 상원을 통과했고 하원까지 통과할 가능성이 커 보인다. 민주당과 공화당 양당이 중국 인권 문제에 강경한 입장이기 때문이다. 이 법이 하원을 통과해 시행되면 신장에서 생산된 재화가 강제노역과 관련이 없다는 것을 입증해야만 수입할 수 있다.

문제는 신장 지역에서 생산되는 폴리실리콘이 전 세계 태양광용 폴리실리콘의 40%를 차지하며 원가가 가장 낮다는 것이다. 미국은 2021년 6월 위구르족 인권 탄압과 관련되었다는 이유로 호신실리콘산업, 신장다초에너지, 신장이스트호프비철금속, 신장GCL뉴에너지머티리얼 등 폴리실리콘 및 폴리실리콘 원재료를 생산하는 기업들을 포함한 5개 기업을 제재 리스트에 올렸다. 특히 호신실리콘산업은 폴리실리콘 원재료인 메탈실리콘을 생산하는 전 세계 1위 기업으로, 이 회사의 원재료는 신장 이외의 지역에 있는 폴리실리콘 업체들도 사용하고 있다. 따라서 여파가 단순히 신장에 위치한 폴리실리콘 기업에만 한정되지 않을 것으로 전망된다.

또한 신장산 폴리실리콘을 사용하지 않았다는 것을 증명하기가 현실적으로 쉽지 않다. 최근 캐나디안 솔라(Canadian Solar), 트리나 솔라(Trina Solar) 등 중국 업체들이 수출한 태양광 패널이 미국 세관에서 억류되어 미국 내로 수입되지 못했다. 언론에 따르면 신장산 폴리실리콘을 사용하지 않았다는 것을 증명하기 위해 요구되는 서류가 제출하기 어려울 만큼 무척 까다롭다고 한다.

이러한 위기감으로 이미 론지 솔라(Longi Solar), 징코 솔라(Jinko Solar)와 같은 중국 대형 태양광 업체들은 한국 OCI, 독일 바커(Wacker)와 생산량 전부를 가져가기로 하는 폴리실리콘 장기 공급 계약을 맺고 있다. 특히 최근 징코 솔라는 독일 바커사와 연간 7만 톤의 폴리실리콘을 5년간 공급받는 장기 계약을 맺었는데, 바커가 미국에서 생산하고 있는 폴리실리콘 역시 장기 계약으로 구매하고 있다. 미국은 생산 단가가 높을 뿐 아니라 컨테이너 가격이 대폭 상승했다. 또한 중국이 미국산 폴리실리콘에 반덤핑 과세를 부과하고 있기 때문에, 대단히 높은 원가 부담이 있을 수밖에 없다.

퉁웨이와 같은 신장 외 중국 지역에서 생산 설비를 갖추고 폴리실리콘 생산 능력을 대폭 늘리고 있는 상황에서 이러한 업체들이 굳이 바커와 5년이라는 장기간의 계약을 맺은 이유는 무엇일까? 중국 이외의 지역에서 폴리실리콘을 수급하는 것이 무엇보다 중요해지기 때문이라고 생각한다. OCI가 말레이시아 공장을 기존 3만 톤에서 3만 5천 톤으로 증설하는 작업을 진행 중인데, 론지 솔라가 선수금을 주면서까지 지원하고 있는 것도 같은 이유다.

이러한 미국과 중국의 폴리실리콘 관련 갈등이 커지는 데는 주요에너지 관련 밸류 체인에서의 주도권과 상관 있는 것으로 보인다. 미국은 미국 내 태양광 밸류 체인 육성을 위해 폴리실리콘·웨이퍼·셀·모듈 등을 생산할 때 대규모 세액 공제 혜택을 제공하는 계획을 준비하고 있다. 이를 통해 2030년까지 태양광 패널 생산 능력을 50GW까지 확대하고자 한다. 진행 중인 법안이 시행된다면 미국 내 태양광 모듈부터 셀, 웨이퍼 생산을 위한 설비 투자가 진행될 가능성이 크다. 미국은 적어도 자신이 필요한 태양광 패널에 들어가는 제품들을 자급자족하려고 노력할 것이다.

향후 에너지 산업이 빅 데이터와 연계되는 만큼 데이터 안보 면에서 자국에 태양광 밸류 체인을 확보하는 것은 대단히 중요하다. 이러한 움직임은 유럽도 예외가 아니다. 이미 G7 정상회담에서 중국 신장 인권 문제에 대한 규탄 성명이 발표되었고, 영국은 강제노역과 관련된 신장산 제품 수입 금지를 발표했다. 이러한 복잡한 상황에서 중국 태양광 업체들에 대한 투자는 적절하지 않아 보인다. 전 세계 80% 이상을 장악하고 있는 중국 태양광 업체들의 점유율은 필연적으로 하락할 가능성이 크다. 기회는 중국 외 지역의 태양광 업체에 있다.

태양전지의 가장 기본적인 원재료인 폴리실리콘은 2020년 1kg당 7달러 이하 최저치까지 하락하기도 했다. 그러나 고성장하는 태양광 수요와 OCI와 한화솔루션의 국내 태양광용 폴리실리콘 사업 철수로 가격이 꾸준히 상승해 현재 1kg당 20달러 후반에 거래되고 있다. 중국에서 일부 업체가 폴리실리콘 설비를 증설하고 있지만, 당분간 빡빡한 수급은 해소되기 어려울 것으로 보인다. 지속적으로 중국 이외 지역에서 폴리실리콘을 수급하고자 하는 수요 역시 폴리실리콘 가격을 자극할 것이다.

전 세계 폴리실리콘 중 중국 이외 지역에서 생산되는 비중은 20% 수준밖에 되지 않아 절대적으로 부족한 상황이다. 이러한 상황은 당분간 지속될 수밖에 없고 중국 지역 외 태양광 업체들의 협상력이 높아질 것이다. 대표적인 업체가 독일 바커와 한국 OCI다. 양사 모두 2021년 2분기부터 실적이 대폭 개선되었다. 당분간 실적 강세가 지속될 것이다.

앞서 언급했듯이 OCI는 현재 말레이시아에서 연간 3만 톤인 생산 능력을 2022년 말 3만 5천 톤까지 증설할 계획이다. 나아가 실적 발표 컨퍼런스콜에서 한국 공장에서 사용하던 설비들을 이전해 말레이시아에 추가로 투자할 가능성도 언급했다. 향후 잃어버린 시장의 지위를 되찾을 가능성이 크다. 또한 100% 지분을 보유한 자회사 DCRE를 통해 진행하고 있는 부동산 사업 역시 2023~2024년까지 분양을 통해 현금 1조 원 이상을 보유하게 될 것으로 전망된다. 이를 통해 어떠한 새로운 사업을 진행하는지도 눈여겨볼 필요가 있다.

미국 퍼스트 솔라(First Solar) 역시 향후 태양광 시장에서 점유율이 높아질 수 있다. 퍼스트 솔라는 미국 내 최대 생산 설비를 보유한 태양광 업체이면서 세계에서 거의 유일하게 카드뮴·텔루라이드 박막 전지를 양산하고 있는 업체다. 폴리실리콘이 아니라 카드뮴과 텔루라이드로 형성된 화합물을 활용해 얇은 박막 전지를 만든다. 폴리실리콘을 사용하지 않기 때문에 지금과 같은 밸류 체인 이슈에서 자유로울 수 있고, 폴리실리콘 가격 상승으로 실리콘 전지 가격이 상승할 경우 상대적으로 원가 경쟁력이 높아질 수 있다. 또한 미국 정부의 전폭적인 지원을 기대할 수 있다.

이러한 상황에서 퍼스트 솔라는 최근 대규모 증설 계획을 발표했다. 현재 베트남, 말레이시아, 미국 오하이오주에 8.7GW 공장을 운영 중인데 2025년까지 오하이오주와 인도에 각각 3.3GW 신공장을 건설하고, 기술 개발을 통해 기존 설비의 효율성을 증대할 계획이다. 이로 인해 2025년 생산 능력은 16GW로 증가할 것으로 전망된다.

결정질 실리콘 전지가 가진 밸류 체인 리스크는 차세대 전지인 페로브스카이트 태양전지 개발을 가속할 것이다. 페로브스카이트 태양전지 상용화는 전력 시스템을 송두리째 바꿀 것이다. 또한 재생 에너지 가격이 대폭 하락할 수 있기 때문에, 이 전지를 활용한 전력 사업 역시 새로운 가치를 창출할 것으로 전망된다. 앞에서 논의한 VPP 사업이 더욱 구체화될 것이다. 따라서 이러한 변화에 적극적으로 대응하는 기업에 대한 투자가 늘어날 것으로 보인다.

우리나라에서는 유니테스트와 한화솔루션이 적극적으로 태양광 사업에서의 변화를 추진하고 있다. 앞서 살펴본 대로 유니테스트는 이미 2024년까지 양산을 위한 구체적인 설비 투자 계획까지 내놓았다. 한화솔루션은 향후 2~3년 내 페로브스카이트 탠덤 전지를 개발·양산할 계획이다. 지금까지 태양광 셀·모듈을 단순히 제작해 판매하는 데 그쳤다면, 이제는 생산한 모듈을 활용해 발전 사업을 직접 진행하거나 발전 프로젝트를 개발해 매각하는 쪽으로 사업을 확장할 예정이다. 또한 미국과 주요 유럽 국가의 가정용 태양전지 시장에서 1위를 차지하고 있다는 점을 활용해 BTM 부문에서는 VPP 사업까지 영역을 넓히고 있다.

2020년 한화솔루션은 미국 소프트웨어 업체 젤리(Geli; Growing Energy Labs Inc.)의 지분 100%를 인수하는 계약을 체결했다고 밝혔다. 젤리는 2010년 미국 샌프란시스코에 설립된 회사로, 데이터 분석 기술을 통해 상업용 태양광 발전 설비와 ESS를 제어하는 EMS(에너지 관리 시스템)를 개발해 판매한다. 한화솔루션은 호주의 EMS 회사인 스위치딘(SwitchDin)의 지분 20.26%를 취득하기도 했다. 스위치딘은 가정용 태양광 발전 설비에 집중된 회사로 알려졌다. 이처럼 한화솔루션은 VPP로 사업을 확장하기 위한 핵심 역량을 확보했다.

한화솔루션은 이미 큐홈 클라우드(Q Home Cloud) 서비스를 독일에 론칭하면서 VPP 사업 진출을 위한 초석을 마련하고 있다. 이를 통해 가정에서 태양광과 ESS를 통합 설치해 전력이 남으면 여유 전력을 그리드에 되팔아 추가적인 수익을 얻을 수 있다. 이를 피트(FiT) 수익이라고 한다. 또한 큐홈 클라우드 가입자는 필요할 때 클라우드에서 전력을 구입할 수 있는 쿼터(한도량)를 받게 된다. 가입자들을 ICT 기술로 연결해 가상의 전력 풀(pool)을 만드는 것으로 이해할 수 있다.

이러한 한화솔루션의 VPP 사업은 장기적으로 수소 사업과도 연계될 수 있다. 흩어져 있는 분산형 에너지 자원의 생산량이 넘치는 시점에 이를 녹색 수소로 전환하는 것이다. 한화솔루션은 수소 사업 진출을 위해 미국 수소 탱크 업체인 시마론(Cimarron)을 인수하고 2025년까지 1억 달러를 투자해 글로벌 수소 탱크 사업 전개를 위한 기반을 확보할 계획이다.

당분간은 폴리실리콘 등 원재료 가격 급등으로 한화솔루션의 태양광 사업 실적 부진이 지속될 것이다. 그러나 발전 부문 사업 결과가 어느 정도 가시화되는 2022년 이후에는 실적이 상당 부분 개선되리라 전망된다. 따라서 신재생 에너지 발전 및 수소 영역에서 신규 사업이 구체화되면서 성장이 지속될 것이다.

그 어느 때보다 공급망에서 ESG 이슈가 강화되는 시점이다. 60%를 웃도는 중국의 높은 석탄화력 발전 비중과 인권 관련 이슈 등이 중국이 주도하고 있는 태양광 밸류 체인에서 변화를 가속할 것으로 전망된다. 우리나라를 포함한 중국 외 지역 신재생 에너지 업체들에 성장 기회가 돌아갈 가능성이 커지고 있다. 이처럼 급변하는 태양광 산업에서 투자할 만한 매력이 있는 업체를 찾는 것이 중요하다.

부를 위한 기회,
에너지 전환과 모빌리티 투자

초판 1쇄 발행 2021년 11월 25일

지은이 장문수 강동진
펴낸곳 원앤원북스
펴낸이 오운영
경영총괄 박종명
편집 최윤정 이광민 김상화
디자인 윤지예
마케팅 송만석 문준영 이지은
등록번호 제2018-000146호(2018년 1월 23일)
주소 04091 서울시 마포구 토정로 222 한국출판콘텐츠센터 319호 (신수동)
전화 (02)719-7735 | **팩스** (02)719-7736
이메일 onobooks2018@naver.com | **블로그** blog.naver.com/onobooks2018

값 16,500원
ISBN 979-11-7043-269-2 03320